ESG마인드
자격검정과정 강의교안

COLiVE ESG실천본부, 한국환경산업협회 공저

이프레스

머리말

대학은 우리 사회가 직면한 문제를 해결하는 데 중추적인 역할을 담당해야 하며, 혁신적인 가치 창출과 도전정신, 새로운 시대의 요구에 부응하고 빈부 격차, 고용 불안, 고령화 같은 사회문제를 해결하는 데 도움을 주어야 합니다.

ESG도 마찬가지입니다. ESG는 환경(Environmental), 사회(Social), 지배구조(Governance)의 영문 첫 글자를 조합한 단어로 현재 세계 경제 중심에 있습니다. ESG는 과거 기업에서 재무적 성과만을 판단하던 기준에서 벗어나 이제는 환경문제와 사회문제까지도 관심을 가지고 지속가능성을 제고해야 한다는 경영철학을 담고 있습니다.

이와 관련하여, 이번 교재는 ESG에 대한 기초 지식을 제공하고, 실질적인 도움을 주기 위해 집필한 것입니다. 세부적인 내용을 보면, 제1장에서는 ESG의 기본 개념을 소개하고, 제2장에서는 ESG 관련 용어와 약어 설명을 통해 이론적 지식과 실무적인 노하우를 습득할 수 있도록 구성하였고, 제3장에서는 ESG를 실행하기 위한 법규와 기업과 생활 속에서 적용할 수 있는 실천 방안을 다루고 있습니다.

이제 ESG는 선택이 아니라 필수가 되었습니다. ESG에 대한 관심과 기본 개념은 반드시 알아야 합니다. 이 교재를 통해 ESG에 대한 이해뿐 아니라 실제로 어떻게 적용할 수 있는지에 대한 방법을 배울 수 있기를 기대합니다.

끝으로, 이 책이 출간될 때까지 마음을 다하여 주신 모든 분들께 깊은 감사를 드립니다.

2024년 9월 10일

대표저자 한광식, 강수진

차례

오리엔테이션

오리엔테이션

ESG마인드 자격검정 안내

1. ESG마인드 자격검정 소개

<ESG마인드> 자격검정은 지속가능한 미래를 위한 중요한 발판으로서, 산업체에서 요구하는 ESG 기본원칙과 핵심역량을 발전시키고 이를 지역사회 내 일상과 직장생활에서 실천하는 실천가 양성을 목적으로 함

미래 직업 세계에서의 경쟁력 확보

- ESG는 환경(Environmental), 사회(Social), 지배구조(Governance)의 약자로 많은 기업들이 지속가능성을 중시하면서, ESG 원칙을 잘 이해하고 실천할 수 있는 인재를 찾고 있음
- <ESG마인드> 자격증을 취득하면, 기업에서 필요로 하는 중요한 역량을 갖추게 되어, 취업 시 경쟁력 확보

실질적인 사회 기여

- 지역사회와 직장에서 긍정적 변화를 이끌어내는 실천가가 될 수 있음
- 실천가들의 작은 실천이 모여 큰 변화를 만드는데 기여

지속가능한 미래를 위한 준비

- ESG 원칙은 앞으로의 생활과 직장생활에서 지속가능한 방식을 추구하는 데 큰 도움이 됨
- 관심 있는 분야에서 지속가능한 미래를 위한 일에 참여할 수 있는 기회를 제공하여 다음 세대에도 긍정적인 영향을 미침

2. ESG마인드 자격 취득 후 역량 확보

우리가 지금 생활하고 있는 방식이 앞으로도 계속 가능하도록, 환경을 보호하고, 사회를 더 좋게 만들며, 경제적으로도 안정된 상태를 유지하는 지속가능한 미래 역량 확보

ESG마인드 자격 취득 후 역량 확보

환경보호 실천 능력
- 환경보호의 중요성과 기본원칙을 이해하고 이를 실천하는 기초적인 능력 확보
- 재활용을 잘 하고 에너지 절약방법 이해

사회적 책임 수행력
- 사회적 책임의 중요성을 이해하고 이를 실천하는 기초 능력 확보
- 공정하게 행동하고 지역사회 봉사활동에 참여하는 방법 체득

윤리적 기업운영 역량
- 투명하고 윤리적인 경영의 중요성을 이해하고 이를 실천하는 기초 능력 배양
- 정직하게 행동하고 규칙을 잘 지키는 방법을 배움

ESG전략수립 기초능력
- ESG 전략의 기본 개념을 습득하고 이를 기업이나 조직에 적용하는 방법 이해
- 기본적인 ESG 목표 설정과 이를 달성 하기 위한 기초 계획 수립

3. ESG마인드 자격검정 주요 내용

◆ 자격 취득 절차

자격과정 교육 이수 → 자격검정 시험응시 → 합 격 → 등 록 → 자격 취득

◆ 시험과목

주요영역	세부영역
1. ESG 기본 개념	1-1. ESG 정의
	1-2. ESG 이슈와 필요성
	1-3. ESG 발전과정
2. ESG 기본 용어	2-1. 알아야 할 ESG 용어
	2-2. ESG 약자
3. ESG 실행 및 실천	3-1. ESG 관련법
	3-2. 알아야 할 ESG 관련 기관과 프레임워크
	3-3. ESG 실천 방안

4. ESG마인드 자격검정 기준

등급	자격검정 기준	검정과목	합격 기준	시험형태 / 문항수	배점 기준	시험 시간
단일 등급	• 환경(Environmental), 사회(Social), 지배구조(Governance)의 기본원칙 및 개념을 일상과 직장에서 실천하는 직무 수행 • 산업체에서 요구하는 ESG 기본원칙과 핵심역량을 발전시켜 지역사회 내 일상과 직장생활에서 ESG 활동을 촉진하는 실천가로서 활동하는 직무 수행	ESG 기본 개념 ESG 기본 용어 ESG 실행 및 실천	총점 60점 이상	4지 선다형 객관식, O,X 문제, 단답형 필기시험 40문항	100점	50분

5. 기대효과

- 「ESG마인드」의 직무는 지속가능한 미래를 위한 중요한 발판 확보
- 환경보호 실천 능력 향상
- 사회적 책임 수행력 확보
- 윤리적 기업운영 역량 고취
- ESG 기초 전략 수립 능력 발휘

6. 자격 취득 후 진로

- 기업의 환경 및 사회책임 부서
- 지역사회 및 비영리단체
- 공공기관 및 지방자치단체
- 교육 및 홍보 분야
- 중소기업의 ESG 관련 업무 지원

쉬어가는 페이지 (1)

쉬어가는 페이지 (2)

타잔이 앞으로 나가는 방법은?

쉬어가는 페이지 (3)

[생각해 보기]

제1장

ESG 기본 개념

제1장 ESG 기본 개념

1. ESG 정의
2. ESG 이슈와 필요성
3. ESG 발전과정

1 ESG 정의

1. ESG 개념

ESG는 환경(Environmental), 사회(Social), 기업을 운영하는 의사결정구조(Governance)라는 세 가지 큰 주제를 합친 단어로, 기업이 우리 사회와 지구에 미치는 영향을 생각하며 어떻게 좋은 일을 할 수 있을지를 고민하는 방식

환경(Environmental)

- 기업이 환경을 보호하기 위해 어떤 노력을 하고 있는지를 나타내는 것

✓ 공기와 물을 깨끗하게 유지
✓ 쓰레기 줄이기
✓ 자연과 동물을 보호

사회(Social)

- 기업이 사람들과 공동체에 긍정적인 영향을 주기 위해 노력하는 것

✓ 직원들에게 좋은 근무 환경 제공
✓ 지역사회 돕기
✓ 모든 사람이 공평하게 대우받도록 하는 활동

의사결정구조 (Governance)

- 기업을 운영하는 의사결정구조는 지배구조라고도 하며 기업이 어떻게 운영되는지, 그 운영이 정직하고 투명한지를 나타내는 것

✓ 기업이 결정을 내리는 방법
✓ 모든 사람이 결정 과정에 공정하게 참여할 수 있도록 하는 것

2. ESG의 효과

ESG는 단순히 좋은 일을 하는 것을 넘어서, 기업이 장기적으로 성공하고 지속가능하게 성장할 수 있도록 돕는 중요한 역할

- 사회적 책임을 잘 지키는 기업은 사람들에게 더 많은 신뢰
- 운영을 투명하게 하는 기업은 더 많은 투자를 유치
- 환경을 생각하는 기업은 장기적으로 비용을 절약

→

- 기업 이미지(Image)를 좋게 함
- 고객과 투자자를 끌어들임
- 기업가치를 높임

ESG는 기업이 더 좋은 미래를 만들어 가는데 중요한 역할

3. ESG의 의미

ESG의 진정한 의미는 지속가능성, 기업가치, 그리고 비재무적 성과지표

지속가능성

- ESG는 기업이 오랫동안 계속해서 성장하고 발전할 수 있는 방법

✓ 환경을 보호하고 사회적 책임을 다함으로써, 기업은 미래에도 계속해서 사람들과 환경에 긍정적인 영향을 미치게 됨

기업가치

- 기업이 얼마나 가치가 있는지, 즉 그 기업이 장기적으로 얼마나 성공할 수 있을지를 나타내는 것

✓ ESG를 잘 실천하는 기업은 사람들로부터 더 많은 신뢰와 지지를 받게 되며, 이는 결국 기업의 가치를 높이는 데 기여함

비재무적 성과지표

- 돈으로 측정할 수 없는 기업 성과

✓ 기업이 얼마나 환경을 보호하고 있는지, 직원들과 지역사회에 얼마나 긍정적인 영향을 미치고 있는지 등은 재무제표에는 나타나지 않지만, 기업의 장기적인 성공에 매우 중요한 요소

ESG는 기업이 장기적으로 지속가능하고 가치 있는 성장을 할 수 있도록 돕기 때문에 기업뿐만 아니라 우리 모두의 미래와 밀접하게 연결

4. ESG는 기업가치의 New 패러다임

전 세계적인 패러다임이 환경과 사회적 가치를 중시하는 방향으로 변화하면서, 기업의 장기적 생존과 번영에 직결되는 핵심가치로 비재무적 요소의 중요성이 커지고 있음

기업가치의 New 패러다임

재무적 관점의 경영활동		비재무적(ESG) 관점의 경영활동
↓		↓
정량적 지표	+	글로벌 이슈
↓		↓
기업의 수익성, 자산, 부채와 같은 재무상태		세계적인 기후변화 위기와 팬데믹

5. ESG 생태계

ESG 경영은 ESG 관점에서 경영 전략을 수립하는 것과 경영활동을 통해 창출한 ESG 성과를 공개하는 ESG 공시로 구분

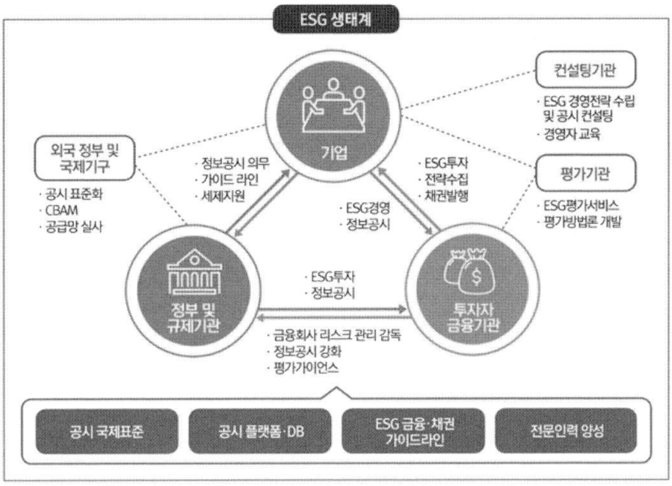

6. ESG의 구성요소와 개념 (1)

ESG(Environmental, Social, Governance: 환경, 사회, 기업을 운영하는 의사결정구조)는 바로 이런 비재무적 가치를 평가하는 핵심요소

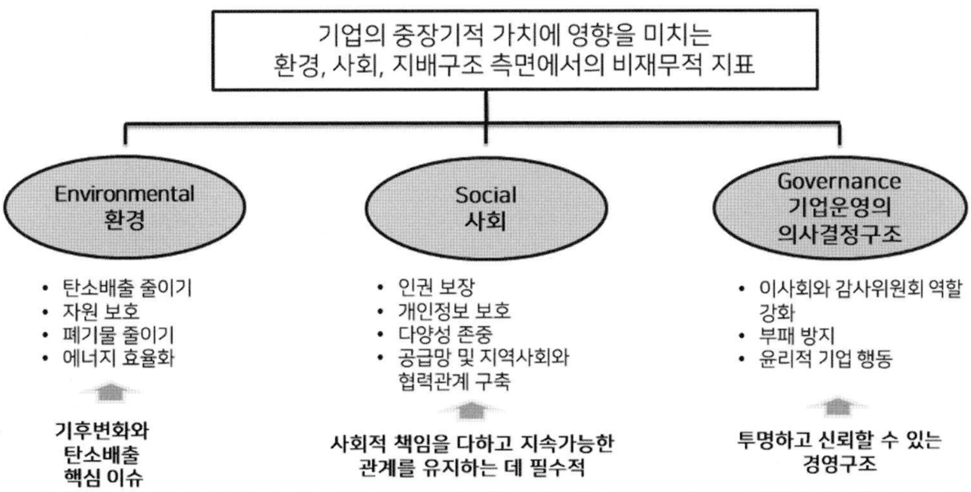

6. ESG의 구성요소와 개념 (2)

인권은 모든 사람이 태어날 때부터 가지고 있는 권리로 우리 모두가 존중받고, 안전하게 살며, 우리의 생각을 자유롭게 말할 수 있는 것

존중의 권리

- 타인으로부터 존중받을 권리
- 다른 사람이나 국가에 의해 모욕받거나 비하되어서는 안 됨

안전의 권리

- 폭력이나 위협으로부터 안전하게 살 권리

표현의 자유

- 자신의 생각이나 의견을 자유롭게 표현할 권리

6. ESG의 구성요소와 개념 (3)

공급망(supply chain)은 제품이나 서비스가 최종 소비자에게 도달하기까지의 전체 과정

- 공급망은 제품이 만들어지고, 판매되며, 소비되는 모든 단계를 포함하는 큰 체계
- 초콜릿을 만드는 공급망은 코코아 농장에서 코코아 콩을 수확하는 과정부터 시작

코코아 콩과 같은 원료가 농장에서 수확
↓
코코아 콩 가공 (청소, 로스팅, 분쇄)
↓
가공된 코코아 콩을 다른 재료와 섞어 초콜릿 생산
↓
제조한 초콜릿 포장
↓
유통센터를 통해 전국 마트나 가게로 배송
↓
초콜릿 구매

2 ESG 이슈와 필요성

1. 기업과 이해관계자가 함께 만드는 ESG 실천

ESG 활동은 기업이 단순히 이익만을 추구하는 것이 아니라, 다양한 이해관계자들을 고려하여 지속가능한 발전을 추구하는 것으로 우리가 자주 이용하는 슈퍼마켓이나 옷 제조 업체 등 모든 기업에 적용

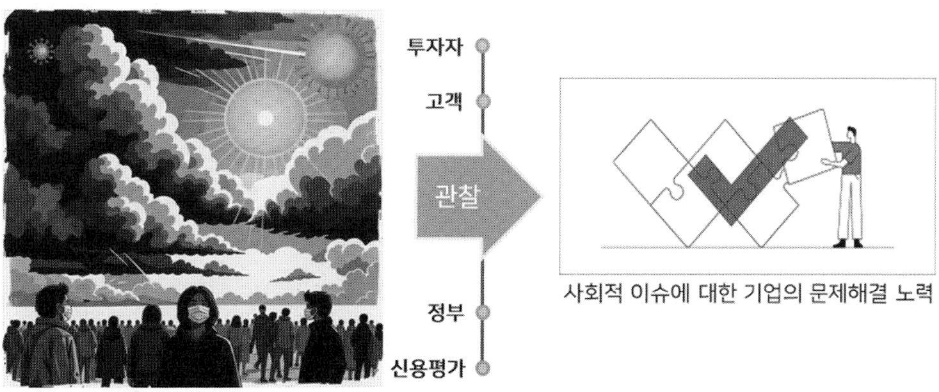

급변하는 날씨 변화
팬데믹 같은 바이러스

사회적 이슈에 대한 기업의 문제해결 노력

2. 스튜어드십 코드(Stewardship Code)

스튜어드십 코드(Stewardship Code)는 학생회가 학교의 중요한 일에 목소리를 내듯 돈을 투자하는 큰 기관들이 기업의 중요한 결정에 참여하고 의견을 내는 것

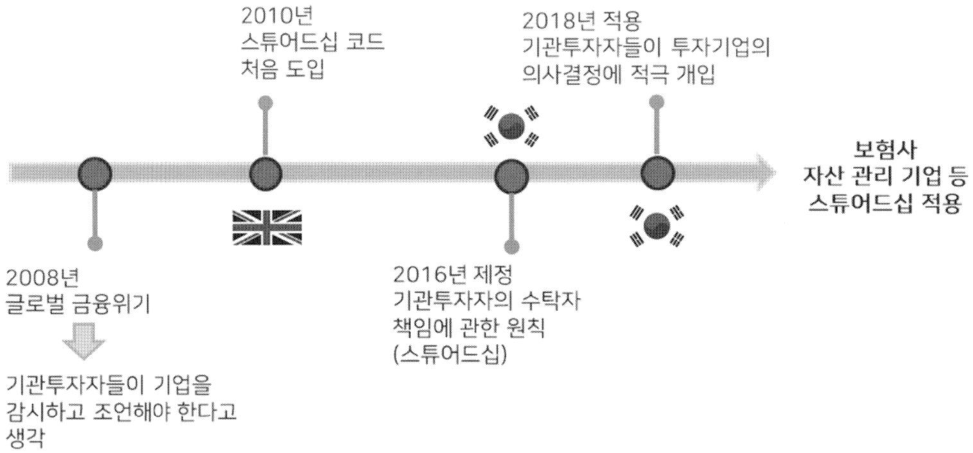

3. 글로벌 금융위기와 스튜어드십 코드 발생 배경

2008년 글로벌 금융위기는 기관투자자들이 기업의 경영 및 의사결정 과정에 더 적극적으로 참여해야 한다는 인식을 촉발시킴

글로벌 금융위기 발생 배경

- 과도한 부채
  - ✓ 많은 금융기관이 많은 돈을 빌려 위험한 투자 실행
- 서브프라임 모기지
  - ✓ 신용이 낮은 사람들에게 대출을 해줌으로써 주택시장이 비정상적으로 커졌다가 붕괴
- 복잡한 금융상품
  - ✓ 새로운 금융상품들이 너무 복잡해서 위험을 파악하기 어렵고, 이로 인해 금융시스템 전체에 문제가 확대됨
- 규제부족
  - ✓ 금융을 관리하는 법이나 규제가 부족해서 위험한 행동들이 방치됨

영향

스튜어드십 코드 대두

- 투자자의 책임 인식
  - ✓ 금융위기로 투자자들이 기업의 경영에 더 적극 참여해야 한다는 책임감을 느낌
- 기업의 투명성 요구
  - ✓ 위기를 통해 기업들이 비윤리적으로 행동하고 있다는 것이 드러나 이를 개선할 필요성 대두
- 장기적 가치 창출
  - ✓ 투자자들이 단기적인 이익보다 기업이 지속적으로 성장하는 것에 더 관심을 갖게 됨
- 주주권리 및 의무 강화
  - ✓ 스튜어드십 코드를 통해 투자자들이 주주로서의 권리를 행사하고 기업의 의사결정에 참여하도록 독려

4. 2010년 영국의 스튜어드십 코드 제정

영국의 스튜어드십 코드는 글로벌 금융위기를 분석한 Walker 보고서의 권고를 바탕으로 제정되었으며, 투자자와 기업 간의 관계를 강화하고, 장기적인 투자 가치를 증진 하기 위해 설계

- 원칙 1: 투자자는 공개적으로 자신들의 **투자 목적과 관리** 방식을 명확히 밝히도록 요구
- 원칙 2: 투자자가 정한 **정책**을 실제 투자 결정에 **적용**하도록 요구
- 원칙 3: 투자자는 기업과의 **건설적인 대화**를 유지
- 원칙 4: 투자자는 회사의 **주요 의사결정**에 적극적으로 **참여**
- 원칙 5: 투자자는 투자 과정에서 발생할 수 있는 갈등을 **투명하게** 관리하고 **공개**하도록 요구
- 원칙 6: 투자자는 자신의 활동과 그 영향을 **정기적으로 검토**하고 **공개**하도록 요구
- 원칙 7: 투자자가 주주의 이익을 대변할 때 **전문성**을 **유지**하며 **독립적으로 행동**해야 함

5. 대한민국의 스튜어드십 코드

우리나라는 금융시장에서의 투명성과 책임감을 높이기 위해 2016년과 2018년에 기관투자자들이 투자 기업에 대해 더 적극적으로 개입하고, 책임을 질 수 있도록 하는 원칙을 도입

2016년 수탁자 책임 원칙

- 기관투자자들에게 그들이 관리하는 자산에 대해 **적극적으로 참여**
- 장기 가치를 증진시킬 수 있는 경영 활동에 목소리를 내도록 요구

2018년 적극적 개입 원칙

- 기관투자자들이 자신들이 투자한 기업들의 의사 결정 과정에 더 깊숙이 관여하도록 장려
- 기업 경영을 개선하고 필요할 때 경영 개선을 요구할 수 있는 권한 포함

한국 기업들이 재무적 성과뿐만 아니라 사회적, 환경적 책임을 지는 방향으로 나아가도록 유도하여 기업의 투명성과 책임성이 향상

6. 투자자의 투자활동

투자자는 돈을 투자할 때 기업이 미래에도 계속 잘 성장할 수 있을지 ESG를 고려하여 투자

BlackRock.

- 세계 최대 자산운용사
- 투자한 기업이 ESG활동을 제대로 하지 않으면 주주총회에서 반대표 행사
- CEO와 이사회 의장이 동일한 사람이면 안된다고 생각해서 엑슨모빌에 두 역할의 분리 요구
- 볼보 등 35개 기업에 환경보호 활동이 부족하다고 판단해 반대표 행사

apg 네덜란드 연기금	▪ 에어버스 필립모리스 등 159개 기업 무기 제조 및 담배 판매 등의 이유로 투자 배제
NORGES BANK INVESTMENT MANAGEMENT 노르웨이 연기금	▪ 듀크에너지, 콜이디아(Coal India) 환경 파괴 때문에 투자 배제
Vanguard 뱅가드	▪ 차이나 모바일, 차이나 유니콤, 차이나 텔레콤 중국 군수 관련 기업 투자로 주식 매도

7. ESG 통합전략

투자자들은 단순히 기업의 재무적 성과만을 보는 것이 아니라, 환경과 사회에 미치는 영향도 함께 고려하여 투자를 결정하는데 이를 'ESG 통합 전략'이라고 함

ESG 통합 전략

- 기업이 어떤 방식으로 돈을 버는지, 그리고 그 과정에서 사람들과 환경에 어떤 영향을 미치는지 종합적으로 평가
- 평가를 통해 투자자들은 장기적으로 지속가능하고 책임감 있는 기업에 투자하는 방식

네거티브(Negative) 스크리닝

- 담배, 무기 등 사회에 부정적인 영향을 미치는 제품을 생산하는 기업을 '투자하지 않기 목록'에 올려 투자하지 않는 것
- 사회에 해로운 영향을 미치는 기업에 투자하지 않음으로써 사회적 책임을 다하는 것

8. 기업성장에 영향을 미치는 ESG

ESG를 잘 실천하는 기업은 좋은 대출 및 투자 조건을 얻을 수 있어 장기적으로 더 나은 성장 기회를 가지게 되므로, 기업들도 ESG를 중요한 경영 전략으로 인식

EUROPEAN CENTRAL BANK
EUROSYSTEM

은행 및 투자자

평가 → 기업의 ESG 실행 → 결 정

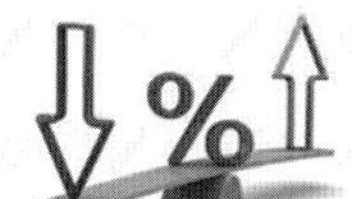

대출조건
·
투자여부
결정

은행들이 대출 조건을 ESG 수준에 따라 결정하면서, 기업들의 사업 운영 방식에 큰 영향을 미침

9. ESG 공급망 관리

최근 글로벌 기업들은 지구를 보호하고, 모든 사람들을 잘 대우하며, 올바르게 운영되는 'ESG'라는 중요한 규칙을 이행

Apple	TESLA	BASF
Carbon Neutral ▪ 협력회사 청정 에너지 프로그램 (2030년까지 협력회사 100% 재생에너지로 제품생산) ▪ 행동 수칙 마련 및 평가	 ▪ 콩고에서 생산된 코발트를 사용하지 않겠다고 선언	Supplier Code of Conduct ▪ 행동강령을 12개 언어로 번역하여 협력회사에 제공 ▪ 협력회사의 ESG 표준 준수 의무화

10. 공급망 관리 필요성

기업들이 제품이나 서비스를 만들기 위해서는 다른 회사들의 도움이 필요한데, 이를 '공급망' 이라 함

필요성

- 기업 자체만으로는 모든 것을 생산할 수 없기 때문에 다른 기업과 협력 필요
- 원재료 조달, 제품 생산, 유통, 판매 등의 과정에서 기업 간 네트워크 구축이 필수
- 공급망 내에서의 효율적인 자원 활용과 리스크 관리가 기업 경쟁력 향상에 중요

영향

- 공급망은 기업의 핵심 가치 창출 활동으로 작용
- 협력업체와의 긍정적인 관계 유지를 통해 효율적인 제품 및 서비스 공급 가능
- ESG(환경, 사회, 지배구조) 규정 준수 여부가 공급업체 선정에 영향을 미침
- 공급망 내 ESG 리스크 관리가 기업의 사회적 책임과 평판에 중요한 영향을 줌

큰 기업들은 ESG를 준수하지 않는 협력 회사들과 거래를 하지 않으려 함

11. 기업의 성적 평가에 ESG 반영

신용평가기관은 기업이 돈을 버는 능력뿐만 아니라 환경을 어떻게 보호하고, 사람들을 어떻게 대우하며, 사업을 어떻게 책임감 있게 운영하는지에 대해서 '등급'을 제시

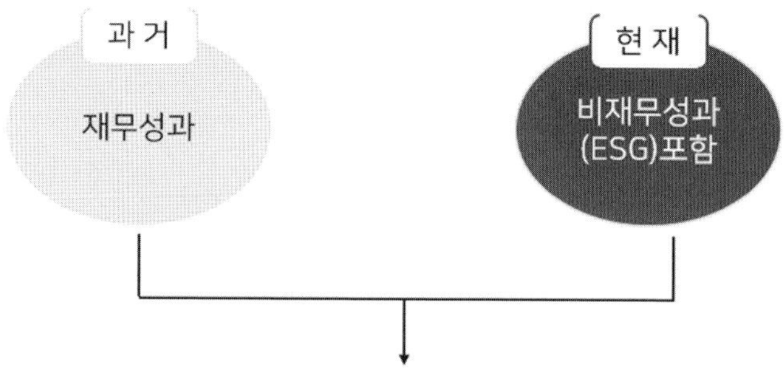

신용등급 평가

무디스(Moody's), 피치(Fitch Ratings), S&P(S&P Global)

12. 신용평가기관

신용평가기관은 학교에서 선생님이 학생들의 공부를 평가해 성적을 주는 것처럼 기업이나 정부가 돈을 빌릴 때 얼마나 신뢰할 수 있는지 평가

기업이 돈을 잘 갚을 수 있을지, 경제 상황이 나빠져도 문제가 없을지를 살펴보고 그 결과를 '등급'으로 표시

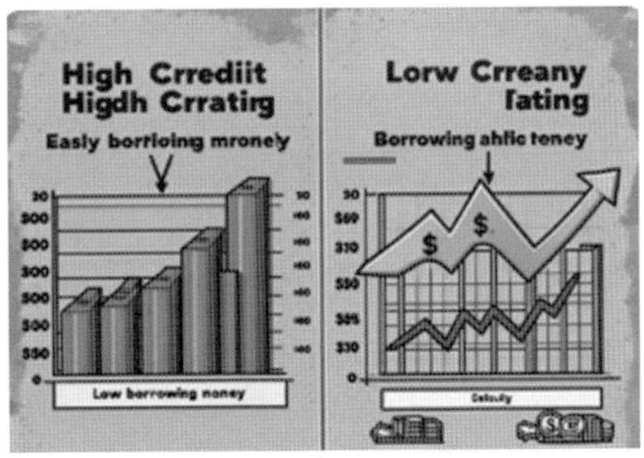

좋은 등급을 받은 기업은 더 쉽게 더 좋은 조건으로 돈을 빌릴 수 있고 낮은 등급을 받으면 돈을 빌릴 때 더 높은 이자를 내거나 돈을 빌리기 어렵게 됨

13. ESG 평가 사례

신용평가기관들은 ESG 평가를 통해 투자한 기업이 자신과 지구의 미래를 생각하고 사업을 하고 있는지 확인할 수 있기 때문에 더 많은 관심을 갖고 있음

DUKE ENERGY

S&P글로벌

- 석탄발전소에서 너무 많은 석탄재 배출 확인
- 등급 조정

'A-Stable(안정적)' → **'A-Negative(부정적)'**

KOMIPO 한국중부발전

한국신용평가

- 한국중부발전이 발행한 59번째 공모채권(지속가능채권 1,100억원)에 가장 높은 'STB1' 등급 부여
- 한신평은 기업의 지속가능한 관리와 기후변화 완화 및 대응에 대한 기업의 약속이 반영되었는지 평가

14. 정부의 ESG 활동 요구 증가

ESG에 초점을 맞춰 기업이 지구와 사회에 대한 책임을 더 많이 참여하도록 하기 위해 전 세계가 다양한 노력을 기울이고 있음

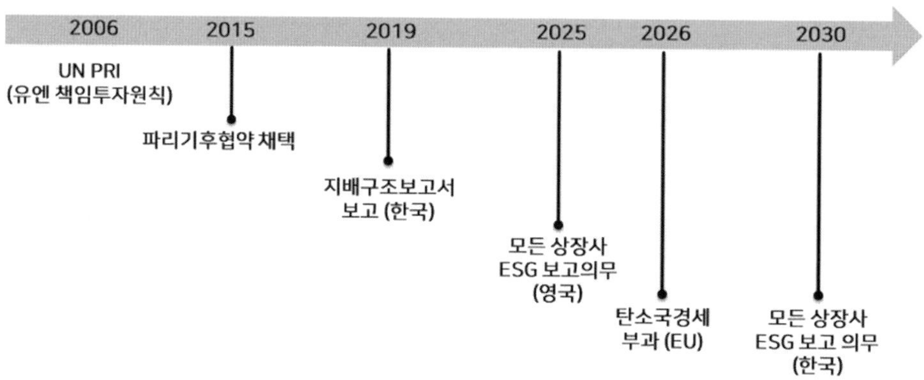

15. 정부의 ESG 활동 (1)

유엔책임투자원칙
(UN PRI, 2006)

ESG를 향한 큰 변화의 시작

- 환경, 기업이 사람을 대하는 방식, 기업을 운영하는 방식 등을 고려하는 투자 원칙을 수립
- 유럽은 은퇴 후 생활을 위해 돈을 저축하는 연기금을 시작으로 은행, 보험 회사, 많은 돈을 관리하는 자산운용회사들이 ESG 영역에서 기업들의 활동을 평가하고 내역을 공유하도록 요청

파리기후협약
(2015)

Net Zero를 향한 발걸음

- 전 세계 국가들은 지구 온도가 산업화 이전 대비 **2℃**보다 낮은 수준인 **1.5℃ 이내로** 제한하자는 약속을 했고, 5년마다 지구 온도가 너무 올라가지 않도록 어떤 활동을 계획하고 실행했는지 확인하기로 합의
- 2050년까지 이산화탄소 **총배출량 0 (Net Zero)** 달성이 목표

15. 정부의 ESG 활동 (2)

지배구조보고서 (2019)

"자율적인 경영투명성 개선"

- 한국 증권거래소에 상장된 대기업들은 ESG의 일부인 기업을 운영하는 의사결정구조(G) 측면에서 어떻게 하고 있는지 의무적으로 보고
- 자산 2조원이상('19년), 1조원이상('22년), 5천억원 이상('24년), 코스피 전체('26년)

모든 상장사 ESG 보고의무 (영국, 2025)

"세계 최초 ESG공시의무"

- 주식시장에 상장한 기업들에게 ESG를 어떻게 활용하고 있는지 모든 사람에게 알려야 한다는 목표를 수립
- 탄소배출 등 기후변화에 미치는 영향, 기업 재무성과에 미치는 영향 등에 대한 구체적인 정보 포함

- 39 -

15. 정부의 ESG 활동 (3)

탄소국경세 부과 (EU, 2016)

"기후위기 대응"

- 탄소를 많이 배출한 국가의 제품이 유럽에서 판매되려면 유럽보다 많이 배출된 탄소의 양만큼 세금을 내야 하는 제도
- 세계 최대 탄소 배출국 중국도 탄소를 낮추기 위해 노력하고 있으며 탄소를 많이 배출하는 기업에게 탄소배출량을 작성 보고 요구 (위반시 1만 RMB에서 3만RMB 벌금 부과)
- 미국 바이든 대통령도 탄소국경세 도입을 약속하는 등 전 세계로 탄소국경세 확산

모든 상장사 ESG 보고 의무 (2030)

"한국도 ESG 공시"

- 한국 2030년까지 대기업뿐만 아니라 모든 증권거래소 상장기업이 ESG 정보 공시

- 40 -

3 ESG 발전과정

1. ESG의 주요 흐름

ESG는 기업의 지속가능한 발전을 위한 핵심 요소로, 역사적 발전과정을 통해 기업 가치에 중요한 영향을 미치는 요인으로 작용함

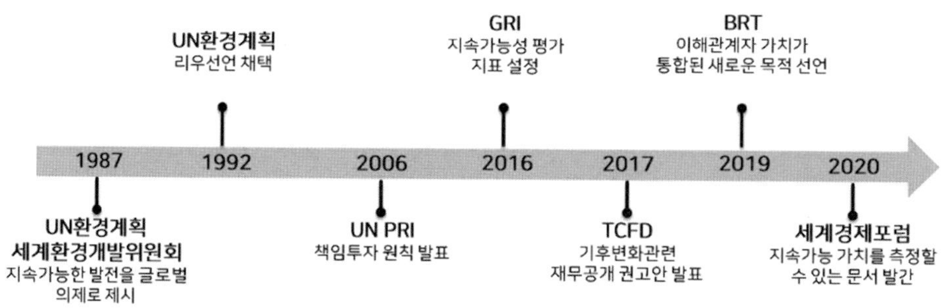

2. ESG의 역사적 발전과정 (1)

1987년

UN환경계획(UNEP)
세계환경개발위원회
(WCED)

"지속가능한 발전을 글로벌 의제로 제시"

- 브룬트란트 보고서(Brundtland Report)라고도 불리는 "우리 공동의 미래 (Our Common Future)" 출판
- 지속가능한 발전을 " 미래 세대가 자신의 필요를 충족시킬 수 있는 능력을 손상시키지 않으면서 현재의 필요를 충족시키는 개발 " 로 정의
- 빈곤, 인구 증가, 지구 온난화 등 인류가 직면한 과제로 인해 대재앙을 맞이하지 않으려면 지속가능한 발전을 향한 전환이 시급함을 강조

2. ESG의 역사적 발전과정 (2)

1992년

UN환경계획(UNEP)

"리우선언 채택"

- 리우선언을 통해 세계 3대 환경 협약인 기후 변화 협약, 생물 다양성 협약, 사막화 방지 협약 탄생
- ESG의 환경적 측면을 위한 토대를 마련했으며 환경 의식과 행동의 새로운 발판 마련
- 리우선언은 개발 과정에서 지속가능성을 유지할 수 있는 기준 제공
- 환경에 대한 책임을 국가들이 인정하고 환경 보호와 경제발전을 동시에 고려하도록 권장

기후변화 협약 | **생물다양성 협약** | **사막화 방지 협약**

2. ESG의 역사적 발전과정 (3)

2006년

UN 책임투자원칙 (PRI)

"투자 결정을 내릴 때 세계의 선량한 시민이 되겠다는 약속"

- 자금의 힘을 사용하여 기업이 더욱 친환경적이고 사회적 책임을 다하며, 투명하게 경영되도록 장려하는 지침
- 좋은 수익뿐만 아니라 세상을 더 나은 곳으로 만드는데 도움이 되는 방식으로 자금을 투자
  - ✓ 투자기관이 자금 투자 결정 전에 기업이 오염을 줄이거나 재생 가능 에너지를 사용하는지 살펴봄
  - ✓ 기업이 직원을 공정하게 대우하고 다양성을 지원하며 사람이나 커뮤니티(공동체)를 착취하지 않도록 함
- 한국의 국민연금을 포함하여 수천 개의 글로벌 투자 기관이 UN 책임투자원칙(PRI)에 가입하여 활동

NPS 국민연금 National Pension Service　Daishin 경제연구소　KIC 한국투자공사　ESG Information, Analytics & Investment SUSTINVEST

2. ESG의 역사적 발전과정 (4)

2016년

GRI (글로벌 리포팅 이니셔티브)

"ESG 활동을 설명할 수 있는 규칙과 지침인 GRI 표준 도입"

- 1997년 GRI 설립, 2000년 첫번째 지침 G1발표, 2016년 GRI 표준 도입
- 기업의 경제적, 환경적, 사회적 영향을 측정하고 실행하는 지표 제공
  - ✓ 환경보호지표 : 물이나 에너지 절약, 폐기물 감소 방법, CO_2배출 감소
  - ✓ 사회적책임지표 : 근로자 권리 지원, 직장 안전 보장, 지역사회 기여
- 기업의 환경보호, 사회적 책임, 경영 투명성에 대한 지속가능성 활동 성과를 고객, 투자자 등 외부 이해관계자에게 보여줌

Global Reporting Initiative™

2. ESG의 역사적 발전과정 (5)

2017년

TCFD
(기후관련 재무 공개 태스크포스)

"기후변화가 비즈니스에 미치는 영향에 대한 대비"

- 기업과 투자자가 기후변화로 인한 재무적 어려움과 기회에 대비
- TCFD가 권장하는 네 가지 주요 영역
  - ✓ 거버넌스 : 기후관련 위험과 기회를 기업의 의사결정에 통합하는 방법
  - ✓ 전략 : 기후관련 위험과 기회가 기업의 사업에 미치는 영향
  - ✓ 위험관리 : 기후관련 위험을 식별, 평가, 관리하는 방법
  - ✓ 지표 및 목표 : 기후관련 위험과 기회를 평가하고 관리하는 지표와 목표

TCFD | TASK FORCE ON CLIMATE-RELATED FINANCIAL DISCLOSURES

2. ESG의 역사적 발전과정 (6)

2019년

비즈니스라운드 테이블 (BRT)

"이해관계자 가치가 통합된 새로운 목적 선언"

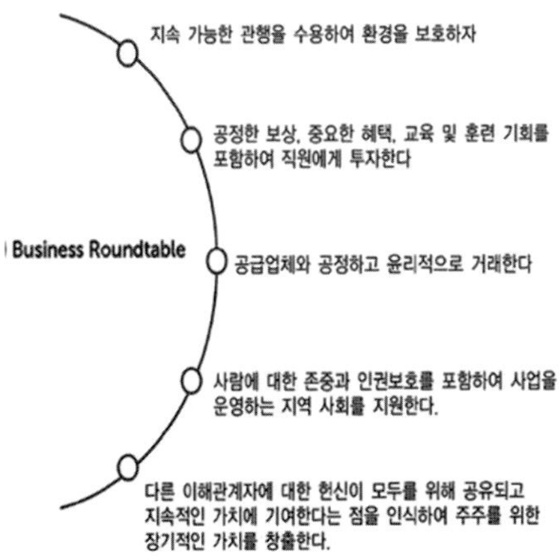

- 애플, 아마존, 월마트, 블랙록 등 미국의 가장 크고 영향력 있는 기업의 CEO들이 모이는 단체
- 기업이 주식을 소유한 사람뿐만 아니라 모든 이해관계자의 요구와 이익을 균형 있게 맞추는 이해관계자 자본주의 경영방식 채택
  - ✓ 재무적 성과 외에 사회와 지구에 긍정적 기여를 기업의 역할로 제시
- BRT 리더들은 직원, 고객, 공급업체, 지역사회, 환경 등이 포함된 모든 이해관계자들에게 가치를 제공해야 한다고 선언
- BRT 선언은 기업의 의사결정구조와 사회적 책임 발전에 중요한 이정표

2. ESG의 역사적 발전과정 (7)

2020년 "지속가능 가치 측정 문서 발간"

세계경제포럼

- 스위스 다보스 포럼 (2020년 1월)
  - ✓ 지속가능성과 이해관계자의 관심을 글로벌 경제 논의의 중요한 주제로 선정
- 「이해관계자 자본주의 측정」 포럼 조직 (2020년 9월)
  - ✓ 기업의 지속가능성과 이해관계자에 대한 영향 측정 지침 문서 공개
  - ✓ 기업이 환경 관리, 사회적 책임, 지속가능한 경제 성장에 맞춰 운영할 수 있는 방법 제공
- 세계경제포럼이 제시한 ESG의 4가지 중요한 영역
  - ✓ 거버넌스 : 의사결정 과정의 윤리적 행동, 책임, 투명성에 중점을 두고 기업을 관리하고 이끄는 방법
  - ✓ 지구 : 탄소배출량, 폐기물 관리, 물 사용 및 회사 운영이 자연 세계에 미치는 전반적인 영향과 같은 환경적 측면
  - ✓ 사람 : 노동관행, 다양성과 포용성, 건강과 안전, 직원, 고객, 지역사회에 미치는 광범위한 영향을 포함한 사회적 요인
  - ✓ 번영 : 일자리 창출, 경제 성장, 혁신과 같은 경제적 기여와 함께 기업이 운영하는 사회의 경제 건정성에 기여하는 방식

ESG 확산경과

1. 1980년대 이후

1980년대 이후 기존 자본주의의 한계에 따라 지속가능한 발전 제시

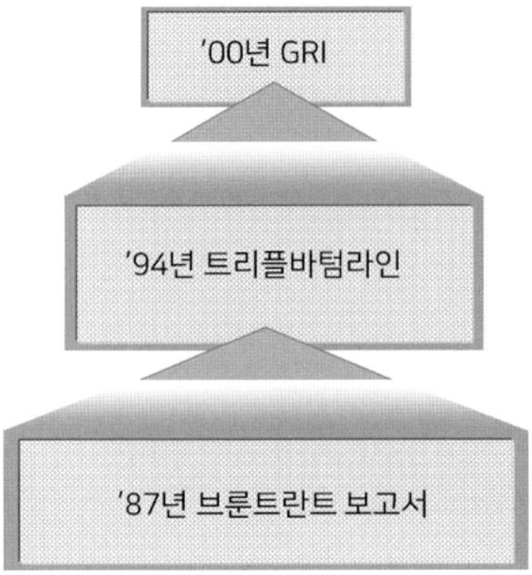

- '00년 글로벌 지속가능보고서 가이드라인(GRI 1.0) 발표
  - ✓ 환경·사회 관련 기업의 비재무지표 공시 시작
- '94년 지속가능발전을 위한 트리플바텀라인 (TBL : Triple Bottom Line) 제시
  - ✓ TBL은 기업이익, 환경 지속성, 사회적 책임 (John Elkington)
- '87년 브룬트란트 보고서 이후 학계·국제기구 중심으로 지속가능한 발전 논의
  - ✓ 브룬트란트 보고서에는 경제발전의 대안으로 지속가능발전 제시
  - ✓ 유엔환경계획(UNEP)에서 채택

2. 2000년 이후

2000년 이후 UN 책임투자원칙(PRI), 파리기후협약 및 지속가능발전목표(UN SDGs)를 통해 ESG 등장 · 확산

- UN 책임투자원칙('06, UN PRI)
  - ✓ 글로벌 금융사 등이 ESG 이슈를 투자에 반영하기로 합의
- EU 및 국제기구 중심으로 글로벌 ESG 생태계 기반 마련
  - ✓ 지속가능발전 목표(SDGs), ESG 투자, 공시 지표 등 등장
  - ✓ '30년까지 글로벌 환경 · 사회적 목표를 제시한 파리기후협약 및 지속가능발전목표(UN SDGs) 체결('15)
  - ✓ 금융안정위원회(FSB)는 TCFD를 설립해 공시체계 마련

3. SDGs (1)

SDGs는 빈곤 근절을 위해 반드시 다뤄야 할 도전과제들을 확장하고, 지속가능발전의 경제, 사회, 환경 전반에 걸쳐 상호 연결된 다양한 주제들을 포괄하여 '30년까지 달성할 국제개발 협력의 새로운 지침

※ 자료 : 경상북도 지속가능발전협의회 홈페이지

3. SDGs (2)

UN이 지향하는 5대 가치인 사람, 지구, 경제발전, 평화, 파트너십의 5개 영역으로 구성된 17개의 주목표와 169개의 세부 목표로 '지속가능발전목표(SDGs)' 구성

목표1. 모든 곳에서 모든 형태의 빈곤을 종식시킨다.

목표2. 기아를 종식시키고, 식량 안보를 달성하며, 개선된 영양상태를 달성하고, 지속가능한 농업을 강화한다.

목표3. 모두를 위한 전 연령층의 건강한 삶을 보장하고 웰빙(well-being)을 증진한다.

목표4. 모두를 위한 포용적이고 공평한 양질의 교육 보장 및 평생교육 기회를 증진한다.

목표5. 성평등 달성 및 모든 여성과 여아들이 자신의 능력을 발휘할 수 있도록 한다.

3. SDGs (3)

목표6. 모두가 물과 위생설비를 사용할 수 있도록 하고 지속가능한 유지관리를 보장한다.

목표7. 모두를 위한 적당한 가격이며 신뢰할 수 있고 지속가능한 현대적인 에너지의 접근을 보장한다.

목표8. 모두를 위한 지속적 , 포용적, 지속가능한 경제성장을 촉진하며 생산적인 완전 고용과 모두를 위한 양질의 일자리를 증진한다.

목표9. 복원력이 높은 사회기반시설을 구축하고, 포용적이고 지속가능한 산업화를 증진시키며 혁신을 장려한다.

목표10. 국가 내, 국가 간 불평등을 감소시킨다.

목표11. 도시와 주거지를 포용적이며 안전하고 복원력이 있고 지속가능하게 보장한다.

- 55 -

3. SDGs (4)

목표12. 지속가능한 소비 및 생산 양식을 보장한다.

목표13. 기후변화와 그로 인한 경향에 맞서기 위한 긴급 대응을 시행한다.

목표14. 지속가능한 발전을 위한 대양, 바다, 해양자원을 보존하고 지속가능하게 사용한다.

목표15. 지속가능한 육상 생태계 이용을 보호·복원·증진하고, 산림을 지속가능하게 관리하며, 사막화를 방지하고, 토지 황폐화를 중지하고, 생물 다양성 손실을 중단한다.

목표16. 지속가능발전을 위해 평화롭고 포용적인 사회를 증진하고, 모두가 정의에 접근할 수 있도록 하고, 모든 수준에서 효과적이고 책임성 있고 포용적인 제도를 구축한다.

목표17. 이행 수단을 강화하고 지속가능발전을 위한 글로벌 파트너십을 활성화한다.

- 56 -

4. 2020년대 이후

코로나19 및 블랙록 등의 ESG 투자 선언을 계기로 ESG 흐름 가속화

- 코로나19로 인한 사회양극화 문제 대두 및 기후위기 심각성 인식 증대로 주요국 탄소중립 공식 선언
  - ✓ ESG 중요성 증가
  - ✓ 국가별 탄소중립 선언 : EU('19. 12월), 중국('20. 09월), 일본('20. 10월), 한국('20. 10월)

- 세계 최대 자산운용사 블랙록(Blackrock)의 ESG 투자 본격 선언('20. 01월)
  - ✓ 글로벌 자본시장의 ESG 관련 투자 급증
  - ✓ 투자기관의 투자대상인 대기업 중심으로 ESG 경영을 공식 선언하고, 정부·국제기구도 ESG 정책·제도 등을 본격 추진
  - ✓ EU·국제기구 등을 중심으로 ESG 공시표준화, 공급망실사·탄소국경조정제도 도입 추진 등 규율 강화

- 57 -

Q 제1장 예상문제

예상문제

[4지 선다형] ESG의 구성 요소에 대한 설명으로 올바른 것은?

① ESG에서 지배구조(G)는 기업이 사람들과 공동체에 긍정적 영향을 주기 위해 노력하는 것이다.
② 지역사회를 돕고 모든 사람이 공평하게 대우받도록 하는 활동은 ESG의 지배구조이다.
③ ESG의 지배구조는 기업이 결정을 내리고 모든 사람이 결정과정에 공정하게 참여할 수 있도록 하는 것이다.
④ 직원들에게 좋은 근무환경을 제공하는 것은 ESG의 지배구조 활동이다.

[O, X] 2006년 UN PRI는 환경, 기업이 사람을 대하는 방식, 기업을 운영하는 방식 등을 고려하는 투자 원칙을 수립했다. (○, ×)

[단답식] 투자자들이 담배를 만드는 기업이나 무기를 제조하는 기업 같은 곳은 '투자하지 않기' 목록에 올려서 돈을 주지 않기로 하는데 이것을 (   )이라고 한다.

정답과 해설

[4지 선다형] 정답 : ③

① ESG에서 사회(S)는 기업이 사람들과 공동체에 긍정적 영향을 주기 위해 노력하는 것이다.
② 지역사회를 돕고 모든 사람이 공평하게 대우받도록 하는 활동은 ESG의 사회(S)활동이다.
③ 직원들에게 좋은 근무환경을 제공하는 것은 ESG의 사회(S) 활동이다.

[O, X] 정답 : ○

ESG는 단순히 좋은 일을 하는 것을 넘어서 기업이 장기적으로 성공하고 지속가능하게 성장할 수 있도록 돕는 중요한 역할을 한다.

[단답식] 정답 : 네거티브 스크리닝(Negative Screening)

투자자들은 담배를 만드는 기업이나 무기를 제조하는 기업 같은 곳은 '투자하지 않기' 목록에 올려서 돈을 주지 않기로 하고 이걸 '네거티브 스크리닝(Negative Screening)'이라고 한다.

출제 예상문제

01. 기업의 성적 평가에 ESG를 반영하고 있는데 ESG를 평가하는 기관은?

① 블랙록(Black rock)
② GRI
③ CDP
④ 무디스(Moody's)

02. 다음에서 설명하고 있는 TCFD의 영역은?

기후 관련 위험과 기회가 기업의 리더십과 의사결정 프로세스에 어떻게 통합되는가?

① 거버넌스
② 전략
③ 위험관리
④ 지표와 목표

03. 다음에서 세계경제포럼(WEF)이 이해관계자 자본주의 측정이라는 제목의 포럼에서 제시한 네 가지 중요영역 중 무엇에 대한 설명인가?

의사결정 과정의 윤리적 행동, 책임, 투명성에 중점을 두고 기업을 관리하고 이끄는 방법

① 거버넌스
② 지구
③ 사람
④ 번영

04. ESG는 단순히 좋은 일을 하는 것이다. (○, ×)

제2장

ESG 실행 및 실천

제2장 ESG 기본 용어

1. 알아야 할 ESG 용어
2. ESG 약자

1 알아야 할 ESG 용어

1. 생물다양성(Biodiversity)

생물다양성이란 지구상의 모든 생명체가 가진 다양성으로 각각의 생물이 자신의 역할을 하며 생태계를 건강하게 유지하는데 기여하기 때문에 생물다양성은 지구의 건강과 균형을 유지하는데 매우 중요

- 1985년에 처음 생성
- 생물학적 다양성이라는 말의 줄임말
- 생물다양성의 세 가지 유형
  - ✓ 유전자 다양성

    사람들이 각기 다른 외모와 특성을 가지고 있는 것처럼 같은 종 내에서도 각각의 개체가 유전적으로 조금씩 다르다는 개념
  - ✓ 종 다양성

    숲에서 발견되는 수많은 식물과 동물 종을 포함해서 다양한 종류의 동식물이 서로 다른 환경에서 살아가는 것
  - ✓ 생태계 다양성

    숲, 산호초, 사막 등 지구상의 다양한 환경에서 생명체들이 어떻게 상호 작용하는지를 포함한 큰 범위에서 생태계의 다양성

2. 순환 경제(Circular economy)

우리가 사용하는 자원을 가능한 한 효율적으로 사용하고, 재활용하여 지속가능한 방식으로 환경에 미치는 영향을 최소화하려는 경제 모델

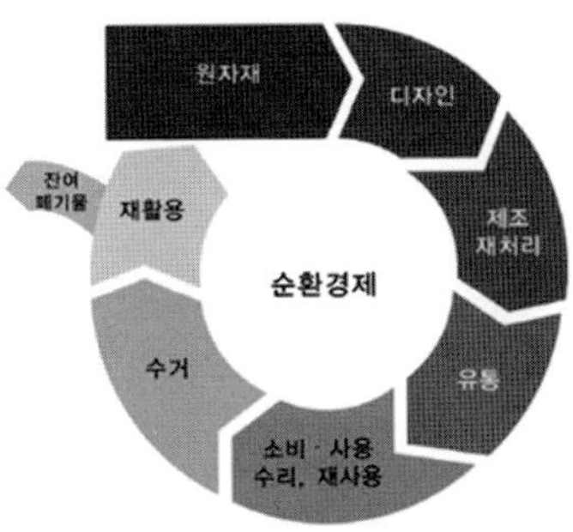

- 순환 경제는 자원을 쓰고 버리는 선형 경제와는 다른 개념
- 순환경제의 핵심
  - ✓ 재생 가능한 자원 사용

    환경에 미치는 부담을 줄이기 위해 가능한 재생 가능한 자원 사용
  - ✓ 제품의 재사용 및 재활용

    자원을 낭비하지 않도록 제품의 수명이 끝난 후에도 가능한 한 재활용하거나 다른 형태로 재사용
  - ✓ 폐기물 제거

    폐기물을 가능한 줄여 자원을 더 효율적으로 사용
- 순환경제 접근 방식은 자원을 절약하고 환경을 보호하며 경제적으로도 이득을 제공

3. 기후 변화(Climate change)

기후 변화는 우리가 일상에서 하는 다양한 활동들이 지구의 대기 조성을 변화 시키면서 일어나는 현상

- 지구 온난화가 기후 변화의 주된 원인
  - ✓ 인간 활동으로 대기 중에 이산화탄소 같은 온실가스가 증가
  - ✓ 온실가스들이 태양으로부터 오는 열을 지구 근처에 가둬 지구 평균온도가 점점 높아짐
- 기후 변화의 영향으로 날씨 패턴의 변화, 빙하의 녹음, 해수면 상승 등이 발생
- 기후 변화는 식량 생산, 물 자원, 인간 건강 등 다양한 분야에 영향을 미침
- 기후변화 대응 방법
  - ✓ 화석연료 사용을 줄이기
  - ✓ 재생 가능한 에너지 늘리기

4. 다양성, 형평성 및 포용성(DE&I, Diversity, Equity, and Inclusion)

다양성, 형평성 및 포용성(DE&I, Diversity, Equity, and Inclusion)은 모든 사람들이 차별받지 않고 공정하게 대우받는 환경을 만들기 위해 조직이 추진하는 중요한 원칙

다양성(Diversity)

- 사람들 사이에서 볼 수 있는 여러 가지 차이점
- 인종이나 성별뿐만 아니라 나이, 출신 국가, 종교, 장애상태, 성적 취향, 사회 경제적 지위, 교육수준, 결혼 유무, 언어, 심지어 외모까지 포함

형평성(Equity)

- 모든 사람에게 필요한 자원과 기회를 공정하게 제공함으로써 각자가 성공할 수 있는 기회를 만들어주는 것으로 공평성과 같음
- 형평성(공평성)은 평등이 아니며 차이를 인정하고 적절히 지원 하는 것

포용성(Inclusion)

- 모든 사람이 자신이 속한 곳에서 존중받고 가치 있게 여겨진다고 느낄 수 있는 환경을 만드는 것
- 포용적 환경에서는 자신의 의견을 자유롭게 표현할 수 있고, 결정 과정에 참여할 수 있음

5. 지구온난화 지수(GWP, Global warming potential)

GWP는 다양한 온실가스가 지구를 얼마나 따뜻하게 만드는지 비교하는 수치

GWP

이산화탄소(CO_2) = 1
메탄(CH_4) = 28
아산화질소(N_2O) = 265
수소불화탄소(HFCs) = 12,000
과불화탄소(PFCs) = 9,200
육불화황(SF_6) = 22,200

- 각 온실가스가 지구 온난화에 미치는 영향은 다르기 때문에, 이산화탄소 기준으로 각 가스의 온난화 기여도 측정
  - ✓ 지구온난화 지수는 보통 100년 기간 동안 1kg의 특정 온실가스가 지구에 얼마나 많은 열을 가두는지를 보여줌
- 온실가스가 내뿜는 열의 양을 '이산화탄소 환산단위 (CO_2e)'로 바꿔서 표현
  - ✓ 온실가스의 영향을 이산화탄소의 영향과 동등하게 비교할 수 있음
  - ✓ 각 나라와 기관이 자신들이 배출하는 다양한 온실가스의 총 영향을 쉽게 계산하고 관리할 수 있음

- 67 -

6. 온실가스(Greenhouse gases)

온실가스는 지구의 기온을 상승시키는 주요 원인으로, 이를 감소시키는 것이 전 세계적으로 중요한 과제

- 유엔 기후변화협약(UN Framework Convention on Climate Change, UNFCCC)은 전 세계적으로 기후 변화를 관리하고 대응하기 위한 국제적인 협약
  - ✓ 협약에 따라 세계 여러 나라들은 온실가스 배출 감소 의무를 지님
- 주요 온실가스
  - ✓ 이산화탄소(CO_2)는 화석 연료의 연소, 삼림 벌채 등으로 발생
  - ✓ 메탄(CH_4)은 쓰레기 매립지, 가축의 소화 과정 등에서 나옴
  - ✓ 아산화질소(N_2O)는 농업 활동과 산업 공정 중에 배출
  - ✓ 수소불화탄소(HFCs)는 냉장고나 에어컨 냉매로 사용
  - ✓ 과불화탄소(PFCs)는 전자제품, 도금산업, 반도체, 소화기 등에서 배출
  - ✓ 육불화황(SF6)은 반도체 생산 공정에서 배출

- 68 -

7. 그린워싱(Greenwashing)

'그린워싱'은 기업이나 조직이 자신들의 제품이나 서비스가 환경에 미치는 영향을 실제보다 훨씬 친환경적이라고 과장하거나, 잘못된 정보를 제공하는 행위

- '그린(친환경)'과 '화장(위장)'을 합친 말
  - ✓ 환경을 보호하는 것처럼 보이려고 하지만 실제로는 큰 영향을 주지 않거나 때로는 환경에 해를 끼치는 제품이나 서비스를 마케팅하는 것을 의미
  - ✓ 기업이 자사 제품을 "친환경"이라고 광고 하지만, 생산 과정에서 많은 양의 오염 물질이 배출하는 것
- 그린워싱은 소비자들이 제품을 선택할 때 환경적인 측면을 고려하도록 유도
  - ✓ 실제로는 환경에 도움이 되지 않는 상황을 만드는 것
  - ✓ 그린워싱으로 소비자는 착각하고 좋은 선택을 할 수 있는 기회를 잃게 됨

8. 자연자본(Natural capital)

자연자본은 회사가 이용할 수 있는 자연에서 나오는 모든 자원으로 물, 금, 천연가스, 은, 석유 등이 해당

- 자연자본은 회사가 제품을 만들거나 서비스를 제공하는데 필수적인 자원
- 자연자본 회계는 자연자원의 사용과 보유 상태를 회사의 재무제표에 정확히 기록하는 방법
  - ✓ 자원을 얼마나 효율적으로 사용하고 있는지, 얼마나 남아있는지 파악하여 더 나은 경영 결정을 함
  - ✓ 자연자본을 잘 관리하고 기록하여 효율적인 의사결정을 내릴 수 있음
- 회사 운영에 자연자본이 필수적이지만 그 가치를 인정받지 못했지만 기후변화 등으로 자연자본의 중요성이 점점 더 부각

9. 넷제로(Net zero)

Net zero는 지구의 대기 중으로 방출되는 온실가스 양과 그 온실가스를 제거하는 양이 같아져서 실질적으로 대기 중의 온실가스 농도가 늘어나지 않는 상태

- 온실가스의 배출량과 이산화탄소(CO_2) 흡수량을 균형 있게 맞추는 상태
- 넷제로의 목표는 지구온난화를 멈추고, 기후변화를 제어하여 지속가능한 환경을 유지하는 것
- 파리기후협정에서 전 세계 국가들이 2050년경까지 넷제로 상태를 달성하도록 요구
  - ✓ 인간활동으로 인한 온실가스 배출과 자연이나 기술을 통해 이산화탄소(CO_2) 제거의 균형을 맞춤
- 넷제로 달성을 위해서 온실가스 배출량을 줄이고 이산화탄소(CO_2) 흡수량을 늘려야함
  - ✓ 넷제로 달성을 위해서 신재생에너지 사용 확대, 에너지 효율 개선, 산림보호 및 복원 노력이 필요

10. 재생 가능 에너지(Renewable energy)

자연에서 지속적으로 공급되는 에너지원에서 얻어지는 에너지로 바람(풍력), 물(수력), 태양광(태양에너지), 지열 및 바이오 연료 같은 자원이 포함

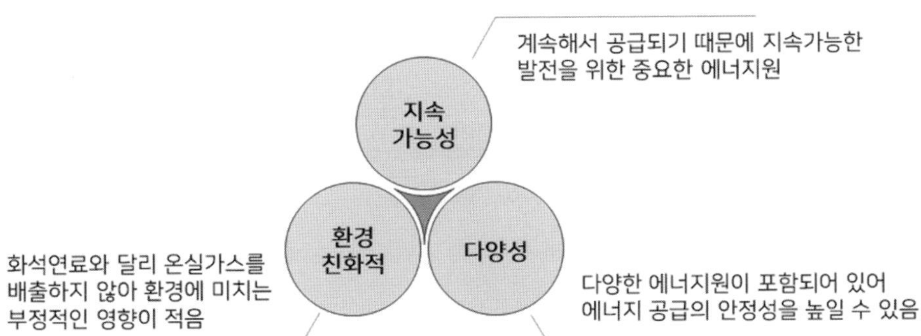

11. 과학 기반 목표(Science-Based Target)

과학 기반 목표는 기후 과학의 최신 연구 결과에 기반을 두고 기후 변화에 대응하기 위해 설정된 목표(Target)

SCIENCE BASED TARGETS

DRIVING AMBITIOUS CORPORATE CLIMATE ACTION

- 과학 기반 목표는 온실가스 배출을 줄이기 위한 구체적이고 명확한 계획을 설정하는 것
- 목표(Target)는 파리협정과 일치
  - ✓ 지구의 온도 상승을 산업화 이전 수준보다 2℃ 이하로 유지하고 가능하면 1.5 ℃로 제한하려는 노력과 일치
- 과학 기반 목표 설정의 이점
  - ✓ 기업들이 온실가스 배출을 줄이는 명확한 계획 수립
  - ✓ 기후 변화의 심각한 영향을 막음
  - ✓ 지속가능한 비즈니스 성장에 기여

12. 스코프(영역, Scope)

온실가스 배출량은 기업이나 조직이 환경에 미치는 영향을 측정하기 위해 사용되는 국제적인 방법에 따라 세 가지 범주, 즉 '스코프(Scope)'로 분류

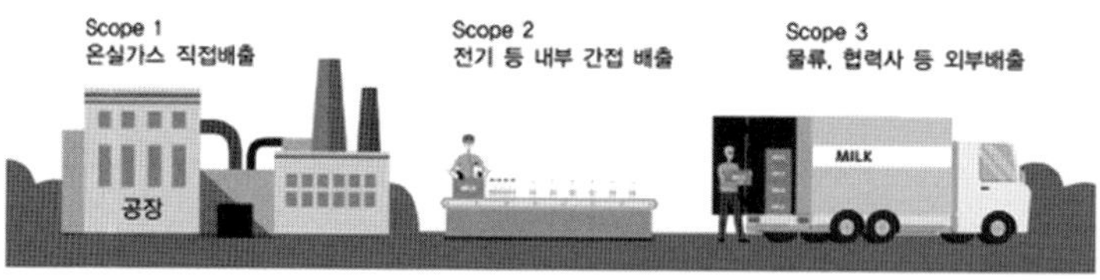

스코프(Scope) 1

- 기업이 직접 운영하는 건물이나 기계 등에서 바로 발생하는 온실가스를 포함하는 것
- 공장에서 기계를 돌리거나 회사 차량을 운행할 때 나오는 배기가스

스코프(Scope) 2

- 기업이 사용하는 전기나 난방, 냉각 등을 외부에서 구매할 때 발생하는 간접적인 온실가스
- 전기 회사에서 생산한 전기

스코프(Scope) 3

- 기업의 직접적인 활동 이외에 발생하는 다른 모든 간접 배출
- 구매한 재료나 연료의 생산, 기업이 직접 운영하지 않는 운송수단에서 발생하는 배출, 외부 업체에 의한 활동, 제품의 폐기물 처리 등

13. 지속가능성(Sustainability)

지속가능성은 우리가 자연환경을 잘 보호하고, 기후 변화에 효과적으로 대응하면서도, 사회가 건강하게 성장할 수 있도록 하는 개념

- 우리가 오늘 필요한 것들을 얻으면서도 미래세대가 필요로 할 자원을 고갈시키지 않는 방식으로 행동하는 것
  - ✓ 현재 사용하는 자원과 환경을 미래 세대도 안전하게 사용할 수 있도록 아끼고 보호
- 지속가능성은 단순히 환경 보호 활동만 하는 것이 아니라 아리나 사회적, 경제적 영역에서도 중요한 역할을 수행하는 것
- 기업들은 지속가능한 방식으로 경영하면 장기적으로 더 큰 이익을 얻을 수 있음

14. 가치사슬(Value Chain)

'가치사슬'은 한 조직이 제품이나 서비스를 만들고 고객에게 전달할 때까지의 모든 과정으로 이 과정에는 제품을 디자인하고, 원재료를 구입하고, 제품을 제조하고, 판매하며, 고객에게 서비스를 제공하는 일련의 활동

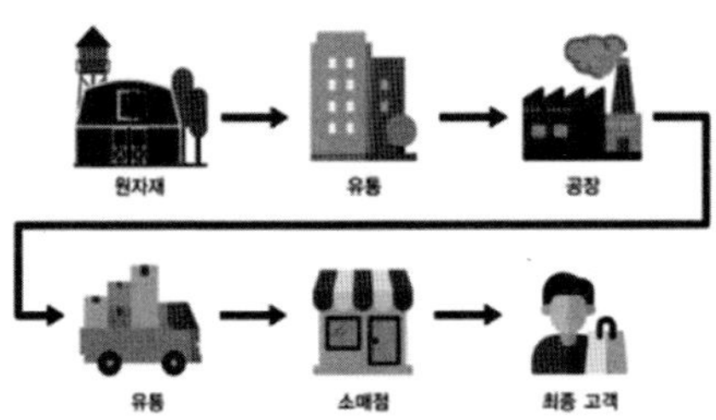

- 가치사슬은 회사 내부의 활동뿐만 아니라 외부 파트너나 협력업체와의 관계를 포함
  - ✓ 가치사슬은 제품이나 서비스의 가치를 높이는 활동의 집합
- 가치사슬 관리의 중요성
  - ✓ 원재료 구입 과정 관리로 제품 원가를 낮출 수 있음
  - ✓ 고객 서비스 강화로 고객 만족도를 높일 수 있음
  - ✓ 각 단계를 잘 관리하면 기업의 경쟁력을 높일 수 있음

2 ESG 약자

1. 탄소국경조정제도 CBAM

탄소국경조정제도(CBAM)
Carbon Border
Adjustment Mechanism

- 유럽연합(EU)이 환경 보호를 위해 만든 제도
  - ✓ 다른 나라에서 EU로 수입되는 제품의 탄소 배출량을 줄이는 것이 목적
  - ✓ 자국 내 기업이 엄격한 환경 법률로 인해 불이익을 받는 것을 방지
  - ✓ 다른 나라 기업들도 환경 친화적으로 제품을 만들도록 유도
- EU보다 환경 규제가 약한 국가에서 생산된 제품은 추가 비용 발생
- 이미 탄소배출 비용을 지불한 경우, 추가 비용 감면 가능
- 탄소 배출이 많은 시멘트, 철강, 알루미늄, 비료, 전기, 수소 등 산업이 큰 영향을 받음
  - ✓ 영향이 큰 산업은 탄소 배출량이 많은 철강산업
- 환경 보호와 공정한 경쟁을 추구하면서 환경친화적인 글로벌 무역 환경 조성

2. 탄소공개프로젝트 CDP

탄소공개프로젝트
(CDP, Carbon Disclosure Project)

- 탄소공개프로젝트로 알려진 비영리 단체
- 세계의 큰 기업들의 이산화탄소(CO_2)와 온실가스 배출량 추적
  - ✓ 기업들이 환경을 보호하는 방향으로 더 책임 있는 행동을 취하도록 유도
  - ✓ 기업들이 온실가스 배출량 정보를 공개하여 환경에 미치는 부정적 영향을 줄이도록 개선
- CDP가 수집한 정보는 금융기관들이 기업의 기후 관련 정보를 평가하는데 사용
- CDP 수집 정보를 통해 기업은 자신의 환경경영역량과 성과를 검증 받을 수 있음

3. CF100

CF100
(Carbon Free 100%)

- '탄소 배출 제로(Carbon Free) 100%' 또는 '24/7 Carbon-Free Energy'를 의미
  - ✓ 목표는 하루 24시간, 일주일 내내 사용하는 전체 전력을 무탄소 에너지로만 공급
- 재생에너지(Renewable Energy)로 100% 충당하려는 계획으로는 실질적 탄소중립이 어렵다는 평가에서 RE100을 보완하기 위해 제안된 이니셔티브
  - ✓ CF100은 RE100보다 더 도전적인 목표
  - ✓ CF100을 통해 기업들이 보다 적극적으로 탄소 배출을 줄이고 환경보호에 참여
- 구글, 마이크로소프트 등 70여 개 기업이 CF100 이니셔티브 참여(2022년 8월 기준)

4. 녹색기후기금

녹색기후기금
(GCF, Green Climate Fund)

- 유엔 기후변화협약(UNFCCC)에 따라 만들어진 국제기관
  - ✓ 부유한 나라들이 개발도상국을 도와 기후 변화에 대응하고 온실가스를 줄이는 데 필요한 자금을 지원
  - ✓ 개발도상국이 기후 변화 문제에 효과적으로 대처할 수 있도록 다양한 프로젝트에 자금 제공
  - ✓ 개발도상국들이 기후 변화에 적응하고 환경 친화적으로 성장할 수 있는 기회 제공
- 선진국과 개발도상국이 협력하여 기후 변화에 대응하도록 도와서 더 나은 환경에서 살아갈 수 있도록 기여

- 81 -

5. 글로벌 리포팅 이니셔티브(GRI)

글로벌 리포팅 이니셔티브
(GRI, Global Reporting Initiative)

- 1997년 미국의 환경단체 세레스(Ceres)와 유엔 환경계획(UNEP)이 함께 만든 조직
  - ✓ 기업이 환경 보호와 사회적 책임을 보여주는 보고서를 작성할 수 있도록 가이드라인 제공
- 2016년, 기존 가이드라인을 발전시켜 'GRI 표준'이라는 새로운 기준 도입
  - ✓ 전 세계 기업들이 사용하고 다양한 업종에 적용할 수 있는 광범위한 지표 제공
- GRI 표준은 기업들이 환경 보호와 사회적 책임을 실천하고 있다는 것을 투명하게 보여 줄 수 있도록 함
  - ✓ 기업은 자신의 활동이 지속가능한 활동인지 확인할 수 있음
  - ✓ 이해관계자들은 기업의 노력을 쉽게 파악

- 82 -

6. IFRS 재단

IFRS
Financial Reporting for the World Economy

IFRS 재단
(International Financial Reporting Standards Foundation)

- 회계와 관련된 국제 기준을 만드는 세계적인 비영리 조직
- IFRS의 주요기관
  - ✓ 전 세계 회계기준을 설정하는 국제회계기준위원회(IASB)
  - ✓ 기업들의 지속가능성 운영 보고기준을 설정하는 국제지속가능성기준위원회 (ISSB)
- 전 세계 기업들이 재무 보고와 지속가능성 보고를 명확하고 일관된 방식으로 할 수 있도록 지원

7. 국제통합보고위원회(IIRC)

IIRC

국제통합보고위원회
(IIRC, International Integrated Reporting Council)

- 전문 회계사들이 참여하여 회계와 보고 방식에 대한 새로운 접근을 제안하는 영국에 기반을 둔 조직
- 기업이 돈과 같은 물리적 자산뿐만 아니라, 인적 자본(사람)이나 자연 자본(자연)과 같은 다양한 자원을 어떻게 활용하는지도 고려 해야 한다고 주장
- 미국의 지속가능성 회계기준을 다루는 SASB와 합병하여 '가치보고재단(Value Reporting Foundation)' 이라는 새로운 조직으로 출발 (2021년 6월)
  - ✓ 기업들이 자신의 전체 가치를 잘 보고하고 평가받을 수 있도록 지원

8. 기후변화에 대한 정부간 협의체(IPCC)

기후변화에 대한 정부간 협의체
(IPCC, Intergovernmental Panel on Climate Change)

- 전 세계의 기후 변화 문제를 연구하고 해결책을 찾기 위해 UN이 1988년에 만든 특별 조직
  - ✓ 세계기상기구(WMO)와 유엔 환경계획(UNEP)이 함께 설립
- 세 개의 실무그룹으로 운영
  - ✓ 1그룹 : 기후 변화에 대한 과학적 연구
  - ✓ 2그룹 : 기후 변화가 환경과 사회에 미치는 영향 연구
  - ✓ 3그룹 : 기후 변화를 줄이기 위한 방법 연구
- 전 세계가 기후 변화에 대해 어떤 상황에 있는지, 어떻게 대처해야 하는지 각 실무그룹은 5 ~ 7년 마다 보고서 작성

9. 책임투자원칙(PRI)

책임투자원칙
(PRI, Principles of Responsible Investment)

- 2006년에 유엔(UN)의 전 사무총장 코피아난이 주도하여 시작된 국제적인 원칙
  - ✓ 투자 시 환경, 사회, 기업의 의사결정 구조 등을 고려하여 책임감 있게 투자하자는 원칙
- 투자자들이 금융 자원을 통해 이익을 추구하면서도 사회적으로 긍정적인 영향을 미쳐 투자자들이 사회적 가치 창출에 기여
- PRI가 발전함에 따라 전 세계 투자자들이 환경과 사회에 미치는 영향을 고려하는 투자 문화가 정착

10. 지속가능성 회계기준위원회(SASB)

지속가능성 회계기준위원회
(SASB, Sustainablility Accounting Standard Board)

- 미국의 회계 전문가들이 만든 조직으로 기업들이 환경, 사회, 그리고 기업 운영(ESG) 과 관련된 문제들을 평가하는 표준 개발
  - ✓ 재무성과와 연결된 중요한 ESG 요소를 보고할 수 있도록 지원
- 2018년 총 77개 산업별로 각기 다른 중요한 사항에 대한 지속가능성 보고 표준 발표

- 87 -

11. 과학기반 목표 이니셔티브(SBTi)

DRIVING AMBITIOUS CORPORATE CLIMATE ACTION

과학기반 목표 이니셔티브
(SBTi, Science Based Targets Initiative)

- 2015년 여러 환경 단체들이 시작한 프로젝트로 기업들이 온실가스를 줄이는 목표를 과학적으로 설정하도록 지원
- 참여단체
  - ✓ 탄소공개프로젝트(CDP)
  - ✓ 유엔글로벌콤팩트(UNGC)
  - ✓ 세계자원연구소(WRI)
  - ✓ 세계자원기금(WWF)
- 2021년 10월, '탄소 중립 표준(Net Zero Standard)' 발표
  - ✓ 지구의 온도 상승을 1.5℃ 이내로 제한
  - ✓ 2050년까지 기업들이 전체 가치 사슬에서 발생하는 온실가스를 최소 90%까지 줄임

- 88 -

12. 기후 변화 관련 재무정보 공개 협의체(TCFD)

TCFD TASK FORCE ON CLIMATE-RELATED FINANCIAL DISCLOSURES

기후 변화 관련 재무정보 공개 협의체
(TCFD, Taskforce on Climaterelated Financial Disclosures)

- 금융기관과 기업이 기후 변화로 인한 위험과 기회에 대해 더 많은 정보를 공개하도록 독려하기 위해 2015년에 금융안정위원회(FSB)에 의해 만들어진 그룹
- 2017년 기후 변화의 위험을 관리하고 대응 할 수 있는 전략을 세우고 정보를 공개 하도록 권장
- 기업들이 기후 변화가 재무 상태에 미치는 영향을 명확하게 알리고 적절히 대비할 수 있도록 지원

13. 자연 관련 재무 정보 공개 태스크포스(TNFD)

TNFD Taskforce on Nature-related Financial Disclosures

자연 관련 재무 정보 공개 태스크포스
(TNFD, Taskforceon Naturerelated Financial Disclosures)

- 2021년 6월 유엔 개발계획(UNDP)과 세계자연기금(WWF) 등 여러 중요한 기관들이 함께 설립
  - ✓ 자연에 해를 끼치지 않고 도움을 주는 방향으로 자금을 흐르게 하려는 노력
- 기업들이 자연과 환경에 미치는 영향을 투명하게 공개하도록 하여 환경 보호 강화

14. 유엔 환경계획(UNEP)

유엔 환경계획
(UNEP, UN Environmental Program)

- 1991년 유엔환경계획(UNEP)과 세계적인 여러 금융기관들이 함께 만든 국제적인 파트너십
  - ✓ 지구 환경을 보호하고 지속가능한 발전 추구
- 금융 부문이 지구의 환경 보호와 지속가능한 발전에 어떻게 기여할 수 있는지를 탐구하고, 실천

15. 유엔환경계획 금융 이니셔티브(UNEP FI)

유엔환경계획 금융 이니셔티브
(UNEP FI, UNEP Finance Initiative)

- 1991년 유엔환경계획(UNEP)과 여러 세계 금융기관들이 함께 만든 국제 파트너십
  - ✓ 지구 환경을 보호하고 지속가능한 발전을 추구
- 초기에는 은행에서 시작하여 보험업계도 비슷한 이니셔티브 생김
  - ✓ 2003년 은행과 보험 그룹이 합쳐진 이후 자산운용사와 연기금 등 다른 금융 부문도 참여

16. 유엔기후변화협약(UNFCCC)

유엔기후변화협약
(UNFCCC, UN Framework Convention on Climate Change)

- 1992년 브라질 리우데자네이루에서 열린 환경 회의에서 시작된 국제 협약
  - ✓ 지구온난화로 인한 기후 변화를 막는 것이 목표
- 협약 내용
  - ✓ 선진국이 기술을 개발도상국에 전달해야 하는 의무 규정
  - ✓ 각 나라가 지구 온난화를 줄이기 위해 온실가스를 얼마나 줄여야 하는지 구체적으로 정함
- 매년 회원국이 모여 진행상황을 논의하고 새로운 결정을 내리는 당사국 총회(COP)가 열리며 대한민국은 1993년 12월 협약 승인

알아두면 도움이 되는 TIP

1. 사업계획 수립

2. 전략적 사고의 7단계

쉬어가는 페이지 (1)

- 정보력

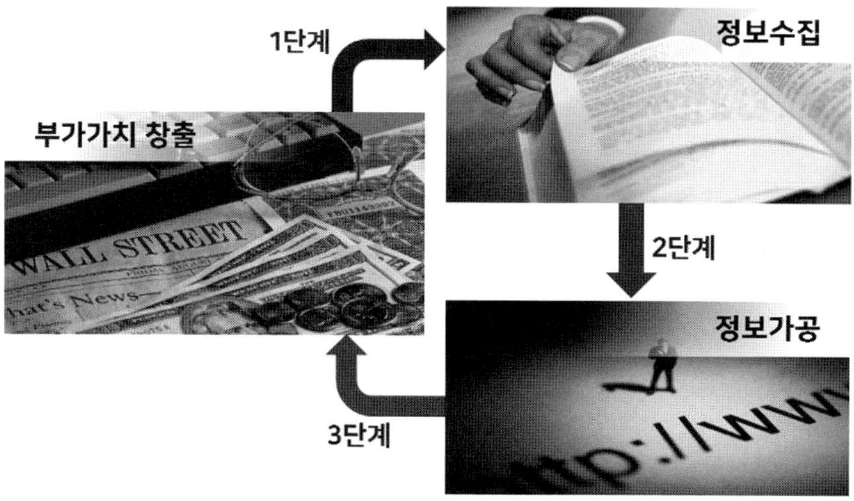

쉬어가는 페이지 (2)

- 우선순위 정하기

아이젠하워의 시간관리 ABC법칙

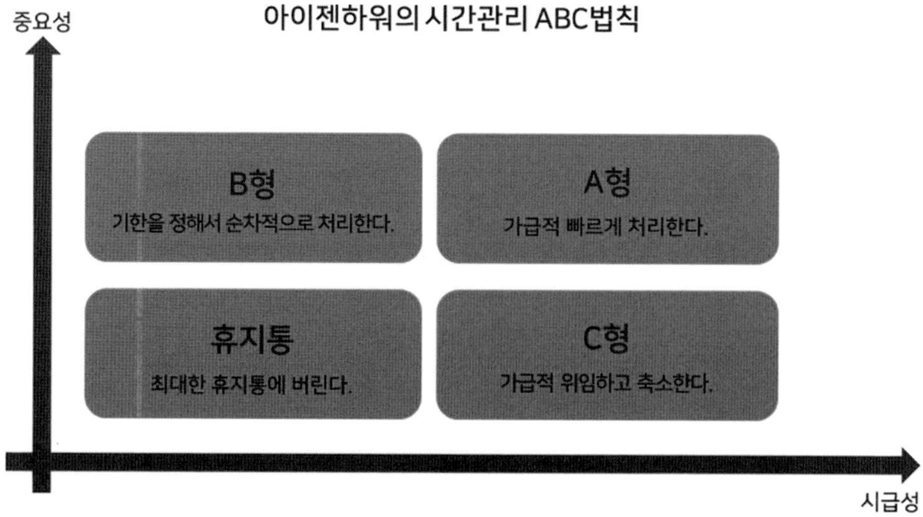

쉬어가는 페이지 (3)

구분	중요도	비중
A형	매우 중요	모든 일 중 15%에 불과하나 가치에 있어서는 65% 정도의 비중을 차지함
B형	중요	모든 일 중 20% 정도이며 가치에 있어서도 20%의 비중을 차지함
C형	보통	모든 일 중 65%에 달하나 가치에 있어서는 15%에 불과함
휴지통	중요하지 않음	시급하지도 중요하지도 않은 일은 가급적 하지 않고 될 수 있는 한 휴지통에 많이 버린다. 위험을 감수하겠다는 마음가짐으로 용기를 내어 휴지통을 적극적으로 활용한다. 휴지통에 넣는 순간 많은 일이 저절로 해결된다.

쉬어가는 페이지 (4)

- 최소한의 노력으로 최대의 효과는

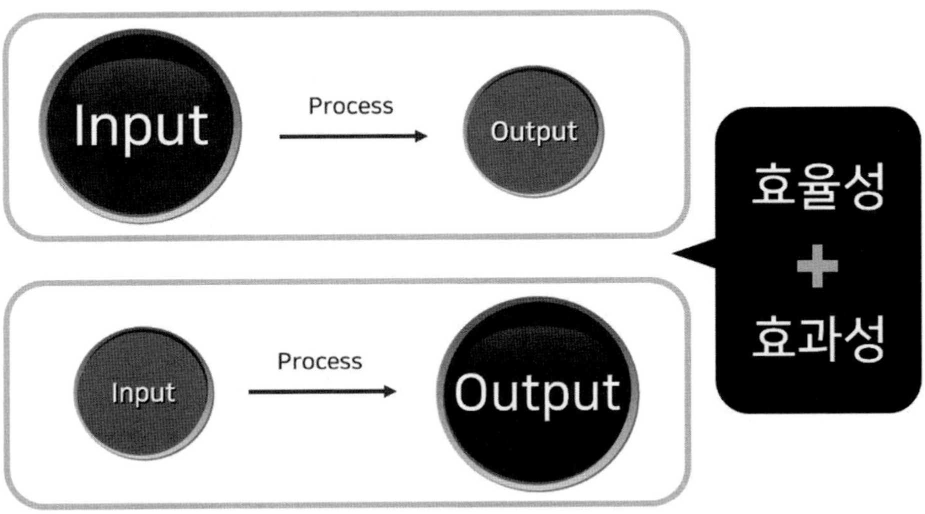

Q 제2장 예상문제

예상문제

[4지 선다형] 다음 중 순환경제에 대한 설명은?

① 자원을 쓰고 버리는 것이다.
② 제품과 재료가 가능한 오래 돌려쓰도록 설계된다.
③ 사용된 자원은 바로 폐기한다.
④ 순환경제 접근 방식은 자원을 절약하고 환경을 보호하지만 경제적으로 손실이 발생한다.

[O, X] 유엔글로벌콤팩트(UNGC)의 10대 원칙은 사람들을 존중하고, 공정한 노동환경을 만들며, 지구를 보호하고 부패를 방지하는 것을 목표로 한다. (○, ×)

[단답식] (　　)란 자연에서 지속적으로 공급되는 에너지원에서 얻어지는 에너지로 바람(풍력), 물(수력), 태양광(태양 에너지), 지열 및 바이오 연료 같은 자원이 포함된다.

정답과 해설

[4지 선다형] 정답 : ②

순환경제의 핵심은 재생 가능한 자원 사용, 제품의 재사용 및 재활용, 폐기물 제거 세 가지이다.

[O, X] 정답 : O

유엔글로벌콤팩트(UNGC)의 10가지 원칙들은 사람들을 존중하고, 공정한 노동환경을 만들며, 지구를 보호하고, 부패를 방지하는 것을 목표로 한다.

[단답식] 정답 : 재생에너지 또는 재생가능 에너지

재생 가능 에너지란 자연에서 지속적으로 공급되는 에너지원에서 얻어지는 에너지로 바람(풍력), 물(수력), 태양광(태양 에너지), 지열 및 바이오 연료 같은 자원이 포함된다.

- 103 -

출제 예상문제

01. 생물 다양성의 유형 중 다음에서 설명하는 것은?

숲에서 발견되는 수많은 식물과 동물 종을 포함해서 다양한 종류의 동식물이 서로 다른 환경에서 살아가는 것

① 유전자 다양성
② 종 다양성
③ 생태계 다양성
④ 숲 다양성

02. 유엔 기후변화협약에서 지목한 지구의 온도를 상승시키는 6대 온실가스에 포함되지 않는 것은?

① 수소(H)
② 이산화탄소(CO_2)
③ 메탄(CH_4)
④ 육불화황(SF6)

03. DE&I의 원칙 중 다음이 설명하는 것은?

- 모든 사람이 자신이 속한 곳에서 존중받고 가치 있게 여겨진다고 느낄 수 있는 환경을 만드는 것
- 모든 사람들이 자신의 의견을 자유롭게 표현할 수 있고, 결정 과정에 참여할 수 있으며, 자신이 속한 공동체의 중요한 일원으로 인정받는 것

① 형평성(공평성)
② 다양성
③ 개별성
④ 포용성

04. CRD는 기업이나 조직이 얼마나 환경에 친화적이고 사회적으로 책임감을 갖고 있는지 보여주는 보고서를 어떻게 작성해야 하는지 알려주는 일종의 길잡이 역할을 하는 비영리 기구이다. (○, ×)

제3장

ESG 실행 및 실천

제3장 ESG 실행 및 실천

1. ESG 관련 법
2. 알아야 할 ESG 관련 기관과 프레임워크
3. ESG 실천 방안

1 ESG 관련 법

1. ESG 관련 법률

최근 세계 여러 나라들은 네 가지 방향으로 ESG에 관한 법을 만들고 있음

ESG

무역과 연계한 법률

- 환경이나 사회적 책임을 지키지 않는 기업에 대해 벌을 줌
- 친구와 약속을 지키 지 않으면 벌을 받는 것과 유사

공급망 실사 의무

- 기업들이 제품을 만들 때 사용하는 재료의 출처와 생산 과정에서 환경이나 사람들에게 해가 없는지 확인
- 우리가 사용하는 가방이나 옷이 어디서 어떻게 만들어졌는지 알고 싶은 것과 같은 의미

기업정보 공개 의무

- 기업들이 어떻게 환경을 보호하고 사람들을 대하는지에 관한 정보를 공개
- 학교에서 성적표를 부모님께 보여주는 것과 유사

제품 정보 공개 의무

- 제품이 환경에 얼마나 좋은지, 안전한지에 대한 정보를 구매자에게 제공
- 간식의 성분이 건강에 얼마나 좋은지 알고 싶은 것과 같은 의미

2. 우리나라 기업들이 주의해야 할 12가지 주요 법률

12가지 주요 법률은 우리나라 기업들이 더 책임감 있게 운영되도록 함

ESG

무역과 연계한 법률

- 미국 위그루 강제노동 방지법
- 유럽연합 강제노동 결부 상품 수입 금지 규정
- 유럽연합 탄소국경조정제도

공급망 실사 의무

- 유럽연합의 지속가능한 기업실사 지침
- 프랑스의 기업실사의무법
- 독일의 기업공급망 실사법안
- 영국의 현대판 노예방지법
- 네덜란드 아동노동 실사의무법
- 미국 캘리포니아의 공급망 투명성 법

기업정보 공개 의무

- 유럽연합의 기업 지속가능성 보고지침
- 미국 증권거래위원회의 기후공시 법률
- 유럽연합의 지속가능한 제품 에코디자인 규정

제품 정보 공개 의무

- 유럽연합의 지속가능한 제품 에코디자인 규정

3. 무역과 연계한 법률 : 위구르 강제노동 방지법(UFLPA)

섬유, 반도체, 태양광 제품을 미국으로 수출하거나 주요 재료로 사용하는 우리나라 기업들은 공급망을 점검하여 강제노동 위험을 피해야 함

출처: Wikimedia Commons(https://en.wikipedia.org/wiki/Xinjiang)

*목 적

- 중국 신장 위구르 자치구에서 강제노동으로 생산 된 상품의 미국 내 수입 금지

*주요내용

- 미국으로 물건을 보내는 사람이 해당 물건이 강제 노동으로 만들어지지 않았음을 증명
- 미국 관세국경보호청(CBP)이 증명이 충분하지 않다고 판단하면 해당 상품 수입 금지

*대상품목

- 신장에서 재배되는 면화
- 폴리실리콘(반도체나 태양광 패널 재료)
- 토마토

4. 무역과 연계한 법률 : EU 강제노동 결부상품 수입 금지 규정

우리나라 기업들이 유럽으로 제품 수출 시 강제노동 연루 여부를 확인해야 하며 재료나 부품의 출처와 생산 과정에 강제노동이 없는지 꼼꼼히 점검해야 함

*목 적

- 강제노동으로 만들어진 제품의 EU 내 수입 금지 및 판매 금지

*주요내용

- EU로 제품을 수입하거나 EU에서 제품을 생산하는 기업은 강제노동과 관련이 없음 증명
- 강제노동으로 만들어졌다고 판단되면 해당 제품의 EU 내 판매 및 사용 금지
- 이미 시장에 나온 제품은 회수하여 처리하고 비용은 제조사가 부담
- 'EU 강제노동 제품 네트워크'를 통해 회원국들이 협력하여 강제노동 제품 유입 방지

*대상품목

- 주요 대상은 중국 신장 위구르 지역에서 생산되는 폴리실리콘, 면화, 토마토 등
- 광물 및 다른 제품에도 적용 가능

5. 무역과 연계한 법률 : EU 탄소국경조정제도(CBAM)

EU로 수입되는 특정 제품에 대해 환경 보호 비용을 부과하는 제도로 우리나라 기업들도 EU 수출 시 해당 법률의 영향을 받을 수 있어 법률 준수 비용과 규정 관리가 필요

＊ 목 적

- EU 내 기업과 다른 나라 기업 간 공정한 경쟁 유도하여 지구 온난화 대응 및 환경 보호 노력 동참

＊ 주요내용

- 수입업자는 제품 생산 시 발생한 온실가스 배출량 보고
- 배출량에 따라 'CBAM 인증서' 구매 필요
- 인증서 가격은 유럽의 배출권거래제(ETS) 가격과 연동
- 2023년 10월부터 2025년 12월까지 탄소 배출량 보고
- 2026년 1월부터 인증서 구매 및 제출 의무화

＊ 대상품목

- 철강, 알루미늄, 시멘트, 비료, 전력, 수소
- 철강 관련 원재료 및 철강을 사용한 제품 포함
- 유기화학 제품이나 폴리머는 현재 포함되지 않았으나, 추후 포함 가능성 있음

6. 공급망 실사 의무 : EU 지속가능한 기업실사 지침 (1)

유럽연합의 지속가능한 기업실사 지침(Corporate Sustainability Due Diligence Directive, CSDDD)은 환경과 인권을 보호하기 위한 법률로 제품 제작 및 판매 과정에서 환경을 해치거나 인권을 무시하지 않도록 확인을 의무화함

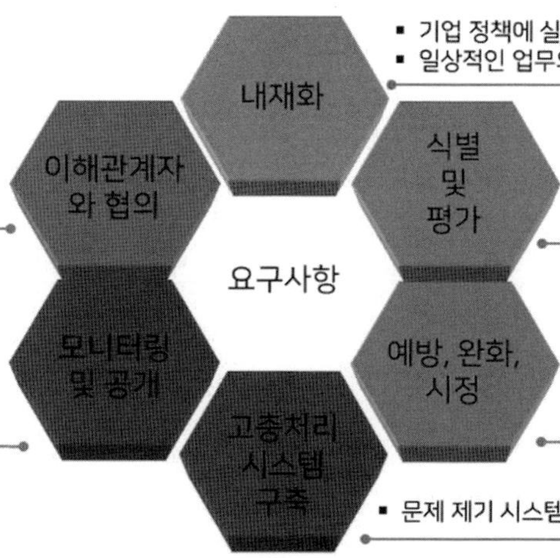

- 기업 정책에 실사 포함
- 일상적인 업무의 일부로 만듦

- 다양한 이해관계자들과 소통 및 협력

- 인권, 환경, 거버넌스 관련 부정적 영향을 찾아내고 평가

- 조치 효과 확인
- 실사 결과 대중에게 공개

- 문제 해결 및 예방 조치

- 문제 제기 시스템 운영

6. 공급망 실사 의무 : EU 지속가능한 기업실사 지침 (2)

공급망 실사

공급망 실사는 기업이 제품이나 서비스를 생산하는 과정에서 발생하는 인권과 환경에 대한 부정적 영향을 예방하고 해결하기 위한 중요 절차

- 기업이 활동하는 과정에서 인권 침해 (예: 노동자의 권리가 무시되거나 안전한 근무 환경이 제공되지 않는 경우)나 환경 파괴(예: 공장 폐수로 인해 주변 환경이 오염되는 경우)가 발생할 수 있음
- 이와 같은 문제는 기업의 이미지에 부정적인 영향을 미칠 뿐만 아니라, 사회적으로도 큰 문제로 이어질 수 있음

7. 공급망 실사 의무 : 프랑스의 기업실사의무법

프랑스의 기업실사의무법(Duty of Vigilance Law)은 대기업들이 자신들의 사업 이나, 그 사업에 참여하는 협력 회사들이 환경이나 인권, 건강을 해치지 않도록 확인하고, 문제가 있으면 그것을 해결하도록 요구

기업 실사의무법 요구사항

- 자신 회사나 협력 회사들에서 어떤 위험이 있을 수 있는지 확인
- 자회사나 공급업체, 하청업체에서 일어날 수 있는 문제들을 정기적으로 확인
- 문제가 생기지 않도록 미리 계획을 세우고 그 계획이 잘 실행되고 있는지 매년 보고

토탈(Total) 사례

- 토탈이 우간다와 탄자니아에서 큰 원유 개발 사업 진행
- 환경과 인권 보호 단체들에 의해 고발
- 원주민의 땅을 강제로 빼앗고 보상을 제대로 하지 않았다는 주장
- 사업으로 인한 환경 파괴 위험 주장

환경 보호 단체들이 토탈을 기업 실사의무 위반으로 프랑스 법원에 제소

8. 공급망 실사 의무 : 독일의 기업공급망실사법안

기업공급망실사법안(Act on Corporate Due Diligence in Supply Chains)은 독일 정부가 2021년 제정한 법안으로, 독일 기업들이 사업 활동에서 인권을 보호하고 환경을 보전하도록 요구하는 법률

*** 주요 요구사항**

- **인권 보호**: 강제노동 금지, 협력회사의 인권 영향 철저히 조사
- **환경 보호**: 환경에 해를 끼치는 물질 사용 금지
- **공시**: 매년 실사 결과 보고서를 작성, 회계연도 종료 후 4개월 이내에 온라인 공시

*** 제 재**

- 실사를 제대로 하지 않거나 필요한 조치를 취하지 않은 경우 제재 부과
- 매출액의 최대 2% 또는 800만 유로(한화 약 120억 원) 이하의 벌금
- 심각한 의무 위반 시 최대 3년간 공적 조달 사업에서 배제
- 피해 발생 시 관련 기관에 항의 가능, NGO나 노동조합이 대신 소송 제기 가능.

※ 독일 및 독일과 거래하는 다른 나라 기업들도 법에 맞춰 준비 필요

9. 공급망 실사 의무 : 영국의 현대판 노예방지법

영국의 현대판 노예방지법(Modern Slavery Act)은 2015년 사람들이 노예 상황에 처하지 않도록 보호하기 위한 법

*** 기업의무**

- 공급망이나 사업에서 노예제와 인신매매를 막기 위한 조치 설명 문서 공개
- 노예제나 인신매매와 관련된 활동이 없다는 성명서 제출
- 문서에는 관련 정책, 위험 평가 및 관리 방법, 교육 프로그램 등의 정보 포함

*** 적용대상**

- 영국 내에서 상품이나 서비스를 공급하며, 전 세계 매출액이 3,600만 파운드(약 540억 원) 이상인 모든 기업
- 영국에서 사업하는 우리나라 기업들도 해당 기준에 부합하면 법을 준수해야 함

10. 공급망 실사 의무 : 네덜란드의 아동노동 실사의무법

네덜란드의 아동노동 실사의무법(Child Labour Due Diligence Act)은 2019년 아동노동을 방지하기 위해 제정

＊ 주요내용

- 기업들은 자신들이 판매하거나 제공하는 상품이나 서비스가 아동노동에 의해 만들어진 것이 아닌지 확인해야 함
- 아동노동 의심이 있을 경우, 결과를 네덜란드 정부에 보고해야 함

＊ 특별한 점

- 아동노동이 발견되더라도, 기업이 즉시 협력사와 계약을 끊지 않음
- 협력사에서 아동노동이 다시 일어나지 않도록 계획을 세우고 지원해야 함

＊ 적용대상

- 네덜란드에서 상품이나 서비스를 판매하는 모든 기업
- 단, 네덜란드 소비자에게 한 해에 단 두 번 이하로 상품이나 서비스를 판매하는 외국 기업은 제외

11. 공급망 실사 의무 : 캘리포니아 공급망 투명성법

캘리포니아 공급망 투명성 법(California Transparency in Supply Chains Act)은 캘리포니아에서 제품 제조 과정에서 강제노동이나 인신매매를 제거하기 위해 2012년부터 시행

＊ 기업의 의무

- 웹사이트에 공급망에서 인신매매나 노예노동이 없음을 보증하는 정보를 게시
- 관련 질문에 대해 30일 이내에 서면으로 응답

＊ 법률의 중요성

- 대기업이 제품 제조 과정을 공개함으로써 강제노동 등의 불법 행위가 있는 기업을 공개하고, 소비자들이 그런 기업의 제품을 피하게 만듦
- 기업들이 더 인도적인 방법으로 비즈니스를 운영하도록 촉진

＊ 적용대상

- 캘리포니아에서 사업하는 매출액 1억 달러(약 1,200억 원) 이상의 제조업

12. 기업정보 공개 의무 : EU 지속가능성 보고지침 (1)

EU의 기업 지속가능성 보고지침(CSRD, Corporate Sustainability Reporting Directive)는 2022년 6월 기업들이 환경 보호 및 사회적 책임에 관한 정보를 더 자세하고 투명하게 공개하도록 요구한 법률

＊ 목 적

- 이전 유사한 법률의 정보가 충분하지 않다는 지적을 개선하기 위해 정보의 양과 질을 강화

＊ 적용범위 및 대상

- EU 상장 회사 전체 및 자산규모 2천만 유로(한화 약 230억 원), 순매출 4천만 유로(한화 약 600억 원), 직원 수 250명 이상의 비상장 회사
- 시행 시기는 2025년부터 기업 유형에 따라 단계적 적용 시작

＊ 중요성

- 기업들이 환경 보호 및 사회적 기여 방식을 더 투명하게 공개하게 함으로써 소비자와 투자자가 기업의 실제 영향을 더 잘 이해할 수 있음
- 기업들이 더 지속가능하고 책임 있는 방식으로 운영되도록 유도

12. 기업정보 공개 의무 : EU 지속가능성 보고지침 (2)

EU의 기업 지속가능성 보고지침(CSRD)는 기업이 비즈니스 모델, 전략, 지속가능성 목표, 그리고 이를 달성하기 위한 노력과 공급망 내에서 부정적 영향을 방지하거나 줄이는 조치에 대해 설명

12. 기업정보 공개 의무 : EU 지속가능성 보고지침 (3)

EU의 기업 지속가능성 보고지침(CSRD)의 요구사항

- **(비즈니스 모델)** 기업의 비즈니스 모델과 지속가능성을 달성하기 위한 전략 공개
- **(전략과 목표)** 지속가능성 목표 설정과 이를 달성하기 위한 전략적 접근

- **(위험 식별)** 기업이 직면할 수 있는 주요 지속가능성 위험 식별
- **(위험 관리 전략)** 위험을 효과적으로 관리하기 위한 기업의 전략 및 조치

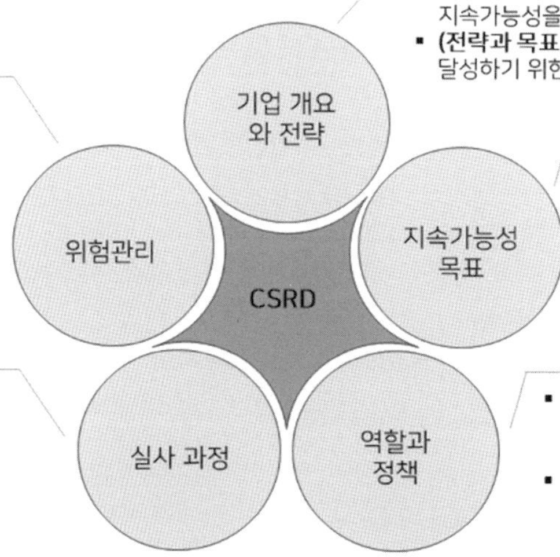

- **(목표 설정)** 설정된 지속가능성 목표
- **(실행 과정)** 목표 달성을 위해 기업이 실행하고 있는 구체적인 조치

- **(부정적 영향 평가)** 제품이나 서비스가 환경이나 사회에 미치는 부정적 영향 평가
- **(영향 최소화 조치)** 부정적 영향을 줄이기 위한 기업의 조치

- **(경영진 책임)** 경영진과 감독기관 의 지속가능성 관련 역할 및 책임
- **(기업정책)** 지속가능성을 지원하는 내부 정책 공개

13. 제품 공개 의무 : EU 에코디자인 규정 (1)

EU의 지속가능한 제품 에코디자인 규정(ESPR)은 기존의 환경 관련 법규를 강화하고 확장하여 제품의 설계부터 폐기까지 전 과정에서 환경에 미치는 영향을 최소화

＊ 목 적

- 제품의 생산, 사용, 수리, 재활용 과정에서 환경에 미치는 영향을 최소화하는 것
- 제품의 내구성 증대, 수리 용이성 향상, 최종적인 재활용 가능성 증진이 목표

＊ 적용범위 및 대상

- EU 시장에 판매되는 대부분의 물리적 제품에 적용 (음식, 의약품, 수의약품 등 제외)
- 제품 제조업체 , 유통업체, 판매업체 모두 해당 법률 준수 필요

13. 제품 공개 의무 : EU 에코디자인 규정 (2)

EU의 지속가능한 제품 에코디자인 규정(ESPR)은 지속가능한 소비 문화를 위한 핵심 요구사항으로 수명 연장, 쉬운 수리, 효과적인 재활용 및 디지털 제품 여권 도입 등을 요구함

*** 주요 요구 사항**

- 제품의 수명 연장, 쉬운 수리, 효과적인 재활용을 위한 설계
- '디지털 제품 여권' 도입으로 제품에 대한 중요한 정보 제공 (원재료 사용, 유지 및 수리 방법, 폐기)

*** 중요성**

- 소비자에게 환경적인 선택을 가능하게 함으로써 보다 지속가능한 소비 문화 조성
- 법률 준수를 통해 유럽 시장에서의 제품 판매 및 유통 보장

- 122 -

2 알아야 할 ESG 관련 기관과 프레임워크

ESG 관련 기관

1. 글로벌 보고 이니셔티브

글로벌 보고 이니셔티브
(GRI, Global Reporting Initiative)

GRI는 기업들이 경제적 성과와 함께 환경 보호와 사회적 책임을 효과적으로 공개하도록 지원함으로써 지속가능한 발전을 추진하는데 중요한 역할

- 목적 및 설립
  - ✓ 1997년 미국 환경단체와 UN환경계획(UNEP)에 의해 설립
  - ✓ 기업이나 조직이 환경적, 사회적 영향을 파악하고 투명하게 공개하도록 돕는 길잡이
- 지속가능성 보고 가이드 라인
  - ✓ 2000년 첫 가이드라인 발표 이후 G2, G3, G4 로 발전
  - ✓ 2016년 GRI Standard로 명명되어 체계화된 표준 제공
  - ✓ 경제적, 환경적, 사회적 영역을 포괄하며 세부 보고 방법 제공
- 적용 및 영향
  - ✓ 전 세계 기업 및 조직이 가이드라인에 따라 지속가능성 보고서 작성
  - ✓ 보고서는 이해관계자에게 중요한 평가 정보 제공
  - ✓ 기업의 환경적, 사회적 책임 이행을 독려

- 125 -

2. 국제표준화기구

국제표준화기구
(ISO, International Organization for Standardization)

ISO 26000은 전 세계 기업과 조직이 사회적 책임을 이행하는 데 있어 중요한 기준을 제공

- 목적 및 배경
  - ✓ ISO 26000은 기업과 조직이 사회적 책임을 어떻게 져야 하는지에 대한 국제적인 가이드라인 제공
  - ✓ 빈곤, 불평등, 환경 문제 등 사회적 문제에 대응하는 기업 행동 지침 포함
- 주요 내용
  - ✓ 7개 주요 영역인 회사 관리 방법, 인권 존중, 노동 관행, 환경 보호, 공정 거래, 소비자 문제, 지역사회 참여 및 개발 각 주제별로 기업의 사회적 책임 실천 방안 제시
- 적용 및 영향
  - ✓ ISO 26000은 인증을 요구하는 표준이 아닌, 자발적으로 참고할 수 있는 가이드라인
  - ✓ 각 기업 또는 조직은 자체적인 상황에 맞게 표준을 적용하며, 실제 실행 방법은 조직에 따라 다양함

- 126 -

3. 온실가스 회계처리 및 보고기준

GREENHOUSE GAS PROTOCOL

온실가스 회계처리 및 보고기준 (GHG Protocol for Corporate Accounting and Reporting Standard)

GHG Protocol은 기업과 조직이 자신의 환경적 발자국을 명확히 파악하고 관리하는 데 중요한 역할

- 목적 및 배경
  - ✓ GHG Protocol은 1997년 세계자원연구소(WRI)와 세계지속가능발전기업협의회(WBCSD)에 의해 개발
  - ✓ 기업이나 정부가 온실가스 배출량을 정확하게 계산하고 보고할 수 있도록 도와 기후변화 대응
- 주요 내용
  - ✓ GHG Protocol은 배출량 측정을 스코프 1, 스코프 2, 스코프 3 으로 구분
  - ✓ 스코프 1은 기업이 직접운영하는 활동에서 온실가스 발생
  - ✓ 스코프 2는 기업이 사용하는 전기나 열 등 에너지 생산에 의한 온실가스 배출
  - ✓ 스코프 3은 기업의 전체 가치사슬에서 발생하는 온실가스 배출 (원자재 공급, 제품 배송 등)
- 적용 및 영향
  - ✓ 온실가스 배출 정보를 공개하는 국제 표준
  - ✓ 2016년 기준으로 글로벌 500대 기업 중 92%가 이 표준 사용
  - ✓ 온실 가스 감축을 위한 효과적인 전략 수립

- 127 -

4. 지속가능성 회계기준위원회

지속가능성 회계기준위원회 (SASB, Sustainability Accounting Standards Board)

SASB는 기업들이 환경과 사회에 미치는 영향을 보다 투명하게 보고함으로써 지속가능한 비즈니스 관행을 장려하고, 투자자들에게 실질적인 정보를 제공하는 중요한 역할

- 목적 및 배경
  - ✓ 2011년 설립되어 ESG에 관한 중요한 정보를 투자자에게 보고하는 표준 제공
  - ✓ 투자자가 기업의 ESG 성과를 보다 명확하게 평가하고 비교할 수 있도록 도와 줌
- 주요 내용
  - ✓ 2018년 77개 산업별로 중요한 ESG 정보를 정리한 표준 발표
  - ✓ 표준은 재무적 성과와 밀접한 관련이 있는 ESG 요소에 초점
- 적용 및 영향
  - ✓ SASB 표준은 세계적인 투자 회사들에 의해 주목 받으며, 많은 기업들이 이를 채택하여 환경적, 사회적 책임을 보고
  - ✓ 2020년 국제통합보고위원회(IIRC)와의 합병하여 비재무적 정보의 통합적 공시 방안 마련
  - ✓ SASB의 접근 방식을 활용하여 투자자들은 기업의 ESG 성과를 더 정확히 이해하고 투자 결정

- 128 -

5. 글로벌 지속가능투자연합

글로벌 지속가능투자연합
(GSIA, Global Sustainable Investment Alliance)

GSIA의 활동은 전 세계적으로 지속가능한 투자를 확대하고, ESG 기준을 기업과 투자자의 의사결정 과정에 통합하는 데 기여

- 목적 및 배경
  - ✓ GSIA는 2014년에 다양한 국가의 지속가능투자 기관들이 모여 설립한 단체
  - ✓ 지속가능한 투자 방식을 촉진하고 정보를 공유하며 활동을 조정
- 주요 내용
  - ✓ 7가지 투자 방식으로 네거티브 스크리닝, 포지티브 스크리닝, 법률 기반 스크리닝, ESG 통합, 지속가능한 테마 기반 투자, 사회적 영향 투자, 기업과의 소통 및 주주 활동을 제시
  - ✓ 'ESG 통합' 방식은 투자의 모든 단계에 ESG 요소를 반영하여, 지속가능한 변화를 촉진하는 방법으로 인기
- 적용 및 영향
  - ✓ GSIA는 2년마다 전 세계 지속가능투자 규모를 조사하여 발표하여 지속가능한 투자의 성장과 영향력을 평가
  - ✓ GSIA의 활동과 가이드라인은 전 세계 기업과 투자자에게 지속가능한 비즈니스와 투자 전략 수립에 중요한 기준을 제공

- 129 -

6. 유엔 책임투자원칙

유엔 책임투자원칙
(UN PRI, United Nations Principles of Responsible Investment)

UN PRI의 활동은 전 세계적으로 책임 있는 투자를 촉진하며, 투자 과정에서 사회적 및 환경적 책임을 강화하는 데 중요한 역할

- 목적 및 배경
  - ✓ UN PRI는 2006년 코피 아난 전 UN 사무총장 주도로 시작
  - ✓ ESG 영향을 고려하여 책임감 있게 투자하도록 국제적인 원칙 제시
- 주요 내용
  - ✓ 투자 과정에서 ESG 요소를 고려하고, 투자 받는 기업들로 하여금 ESG 정보를 공개하도록 요구
  - ✓ 가입 기관들은 매년 자신들의 투자 방식과 ESG 문제 처리 방법 보고
- 적용 및 영향
  - ✓ 2021년 기준으로 전 세계 3,615개 기관이 UN PRI에 가입하였고, 한국에서는 국민연금을 포함한 11개 기관 참여
  - ✓ 가입 기관은 관리 자산의 절반 이상에 책임투자 정책을 적용해야 하며, 필요한 인력과 관리 체계를 갖추어야 함
  - ✓ 불충분한 평가를 받은 기관은 개선 기회를 부여받고, 충분한 개선이 이루어지지 않을 경우 가입에서 제외

- 130 -

7. 탄소정보공개프로젝트 (1)

탄소정보공개프로젝트
(CDP, Carbon Disclosure Project)

CDP는 전 세계 기업들이 환경 관리 및 보호를 개선하도록 유도하며, 이를 통해 투자자와 소비자가 보다 정보에 기반한 결정을 내릴 수 있도록 지원

- 목적 및 배경
  - ✓ CDP는 영국 기반의 조직으로 전 세계 기업들이 환경 보호 활동과 기후 변화 대응을 어떻게 하고 있는지 정보를 수집하고 공개
  - ✓ 9,600개 이상의 다양한 크기의 회사로부터 환경 데이터를 수집하여, 투자자와 금융기관에 제공
- 주요 내용
  - ✓ CDP는 3가지 환경적 요소인 기후 변화, 수자원, 산림자원 관리에 초점
  - ✓ 환경 관리 성과에 따라 A부터 D까지 등급을 받으며, 정보 제공이 미흡한 회사는 F등급
- 적용 및 영향
  - ✓ 투자자들이 환경적 영향이 적고 지속가능한 기업에 투자 할 수 있도록 지원
  - ✓ 온도평가 시스템을 통해 기업의 기후 변화 영향을 평가하며, 이를 바탕으로 투자 결정을 할 수 있는 정보 제공
  - ✓ 한국의 삼성전기와 신한금융그룹은 환경 관리에서 우수성을 인정 받음 (A등급)

7. 탄소정보공개프로젝트 (2)

탄소정보공개프로젝트
(CDP, Carbon Disclosure Project)

CDP는 3가지 환경적 요소인 기후 변화, 수자원, 산림자원 관리에 초점

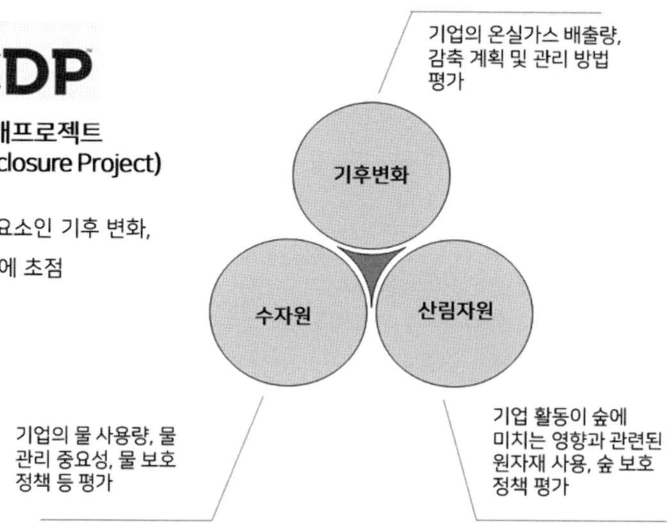

8. MSCI

MSCI

MSCI
(Morgan Stanley Capital International)

MSCI는 글로벌 기업들의 환경적, 사회적, 거버넌스 관련 행동에 대해 'ESG 평가'를 수행하며, 이 평가는 기업이 환경을 어떻게 보호하고, 사회적 책임을 어떻게 수행하며, 효율적으로 운영되고 있는지를 측정

- 목적 및 배경
  - ✓ 전 세계 기업들의 ESG 평가를 제공
  - ✓ 1999년부터 기업의 기후변화 대응과 지속가능한 방식으로 운영될 수 있도록 평가 능력을 지속적으로 강화
- 주요 내용
  - ✓ ESG 평가는 회사가 제공하는 공개 자료, 정부 DB, 경제 데이터 등을 기반으로 진행
  - ✓ 평가는 ESG분야에서 10개 주제 및 35개 중요 이슈
  - ✓ 회사는 AAA에서 CCC까지 다양한 등급을 받게 되며, 평가는 주로 기업 거버넌스에 중점을 둠
- 적용 및 영향
  - ✓ 평가 결과는 주간으로 업데이트되며, 연간 상세 분석을 제공하여 투자자들이 기업의 지속가능성과 책임 수준을 파악
  - ✓ MSCI ESG 평가는 기업이 환경 보호, 사회적 책임, 건전한 운영을 얼마나 잘 수행하고 있는지를 투명하게 만들어, 투자 결정에 중요한 영향을 미침

- 133 -

ESG 프레임워크

1. AccountAbility

AccountAbility

AccountAbility는 1995년에 설립된 영국의 비영리 단체로, 기업들이 환경적 및 사회적 책임을 어떻게 이행하고 있는지를 평가하는 국제적인 기준인 AA1000 시리즈를 개발

- 목적 및 배경
  - ✓ 지속가능한 경영 보고서의 신뢰성을 검증하고, 회사와 이해관계자 간의 효과적인 소통을 촉진하기 위해 AA1000 규칙을 제정
- 주요 내용
  - ✓ AA1000 시리즈는 AA1000AP (보고 원칙), AA1000AS (검증 절차), AA1000SES (이해관계자 소통 지침) 3부분으로 구성
  - ✓ 2021년에 발표된 AA1000AS의 새 버전은 검증 과정을 더 엄격하게 하고, '임팩트' 원칙을 통해 기업 활동의 사회적 및 환경적 영향을 중점적으로 평가 하도록 함
- 적용 및 영향
  - ✓ 전 세계 기업들이 자신들의 지속가능성 성과를 정확하게 평가하고 보고하도록 유도
  - ✓ 검증 기관이 기업의 보고서가 실제로 사회와 환경에 미치는 영향을 어떻게 측정하고 관리하는지 평가
  - ✓ 신뢰성 있는 정보를 기업과 투자자에게 제공

2. 기후정보공개표준위원회

Climate Disclosure Standards Board

기후정보공개표준위원회 (CDSB, Climate Disclosure Standards Board)

CDSB는 기업들이 자신의 환경적 영향과 기후 변화 대응 전략을 명확히 공개하도록 지원

- 목적 및 배경
  - ✓ 2007년 환경단체 및 기업 협력으로 설립
  - ✓ 기업의 기후변화 관련 정보 투명성 증진
- 주요 내용
  - ✓ 기업의 기후 변화 전략, 위험 및 기회, 온실가스 배출량 보고를 지원하는 프레임워크 개발
  - ✓ 기후변화에 대한 정보 보고를 재무 보고처럼 엄격하게 요구
- 적용 및 영향
  - ✓ 2020년 새로운 글로벌 표준 개발 논의 시작
  - ✓ 기업 환경 영향 및 기후변화 대응 이해 촉진

3. CRD

Corporate Reporting Dialogue

CRD (Corporate Reporting Dialogue)

CRD(Corporate Reporting Dialogue)는 여러 국제 표준 설정 기관들이 모여 만든 팀으로, 기업의 지속가능성 보고를 통합하고 개선하기 위해 협력하는 기구

- 목적 및 배경
  - ✓ 2014년 설립된 국제 협력 프로젝트
  - ✓ 기업의 환경 및 사회 영향 이해 증진
- 주요 내용
  - ✓ 조직의 규칙과 지침 통합을 통해 기업의 환경 보호 및 사회적 책임 이행 상황을 명확히 평가
  - ✓ 2019년에 기후변화 대응 보고서 개발; 환경적 영향 최적화, 위험 감소, 목표 설정 지원
- 적용 및 영향
  - ✓ 기업이 환경과 사회에 미치는 영향을 재무 성과와 연결하는 방법 탐구
  - ✓ 미래에는 기업이 환경 및 사회적 영향을 금전적 성과와 함께 공개할 수 있도록 지원

4. 국제통합보고위원회

IIRC

국제통합보고위원회 (IIRC, International Integrated Reporting Council)

IIRC는 기업들이 재무적 성과와 함께 환경, 사회, 운영 관리를 통합적으로 보고하도록 지원

- 목적 및 배경
  - ✓ 2010년 설립
  - ✓ 지속가능한 성장을 지원하고, 투명한 정보 공개를 통해 기업의 장기 가치 창출을 촉진하기 위해 다양한 기관들이 모여 구성
- 주요 내용
  - ✓ 기업이 다양한 자원 사용과 관리를 보여주며, 환경, 사회, 기업 운영 관련 정보를 포괄적으로 보고하도록 설계된 새로운 통합 보고 방식
  - ✓ 자연 자원의 사용, 직원 대우, 사회와의 관계 등을 포함하여 기업이 어떻게 재무적, 비재무적 자산을 관리하고 활용하는지에 대한 상세 정보 제공
  - ✓ 전 세계 70개국 이상 2,500개가 넘는 기업이 IIRC 보고 방식 사용
- 적용 및 영향
  - ✓ 2022년 IIRC는 SASB와 합쳐져 Value Reporting Foundation을 새롭게 출범
  - ✓ 기업들이 더 효과적으로 정보를 공유하고 중요 가치에 집중할 수 있도록 지원

5. 과학기반 목표설정 이니셔티브 (1)

SCIENCE BASED TARGETS

DRIVING AMBITIOUS CORPORATE CLIMATE ACTION

과학기반 목표설정 이니셔티브 (SBTi, Science Based Targets initiative)

SBTi는 2015년 기후 변화 대응을 과학적 근거에 기반하여 지원하고, 기업들이 온실가스 감축 목표를 설정하도록 돕기 위해 설립

- 목적 및 배경
  - ✓ 2015년, CDP, 유엔글로벌콤팩트(UNGC), 세계자원연구소(WRI), 세계자연기금(WWF) 등의 협력으로 설립
  - ✓ 기업들이 과학적 근거를 바탕으로 온실가스 감축 목표를 설정하여 파리기후협약 목표 달성 지원
- 주요 내용
  - ✓ SBTi가 목표의 과학적 타당성을 검토하고 승인되면 SBTi 웹사이트에 공개, 기업은 공식적인 인정을 받음
  - ✓ 기업은 2030년과 2050년까지의 감축 계획 수립
- 적용 및 영향
  - ✓ 전 세계적으로 1,155개 이상의 기업과 DGB금융그룹, SKT, SK증권, 신한금융그룹 등이 참여
  - ✓ 기업들이 환경과 사회에 끼치는 영향을 정량적으로 평가하고 공개, 기후 변화 대응에 중요한 역할 수행
  - ✓ SBTi 참여는 기업의 장기적 가치 증진에 기여, 지속가능한 성장과 글로벌 기후 목표 달성 도모

5. 과학기반 목표설정 이니셔티브 (2)

SCIENCE BASED TARGETS

DRIVING AMBITIOUS CORPORATE CLIMATE ACTION

과학기반 목표설정 이니셔티브 (SBTi, Science Based Targets initiative)

SBTi는 2015년 기후 변화 대응을 과학적 근거에 기반하여 지원하고, 기업들이 온실가스 감축 목표를 설정하도록 돕기 위해 설립

참여 프로세스

약정단계

약정서 (Commitment Letter) 제출

목표설정단계

Committed

검증 및 승인 단계

보고 및 갱신 단계

6. TCFD (1)

TCFD TASK FORCE ON CLIMATE-RELATED FINANCIAL DISCLOSURES

기후 관련 재무정보공개 태스크포스 (TCFD, Task Force on Climate-related Financial Disclosures)

기업들이 기후변화로 인한 리스크와 기회를 공개

- 목적 및 배경
  - ✓ 기후변화는 현대 사회의 큰 도전 중 하나로, 기업들의 대응 방식과 영향을 이해하는 것이 중요
  - ✓ 2015년, 금융안정위원회(FSB) 주도로 세계 각국의 정부와 중앙은행 총재들이 TCFD 설립
- 주요 내용
  - ✓ TCFD의 권고안은 기업들이 직면할 기후 관련 리스크와 기회를 어떻게 인식하고 관리하는지, 미래 시나리오를 어떻게 분석하는지에 대한 정보 명시
  - ✓ 권고안은 거버넌스, 전략, 리스크 관리, 정량적 지표 및 목표 등 네 가지 주요 영역의 정보 공개 요구
- 적용 및 영향
  - ✓ 전 세계 77개국, 1,700개 이상의 기관들이 TCFD 권고안 지지 (일부 국가는 법적 의무화)
  - ✓ 한국의 환경부, 한국거래소 등 주요 기관 및 민간 기업 들이 TCFD를 지지하고 지속가능경영 보고서에 적용

6. TCFD (2)

TCFD TASK FORCE ON CLIMATE-RELATED FINANCIAL DISCLOSURES

기후 관련 재무정보공개 태스크포스 (TCFD, Task Force on Climate-related Financial Disclosures)

권고안이 제시한 거버넌스, 전략, 리스크 관리, 정량적 지표 및 목표 등 네 가지 주요 영역

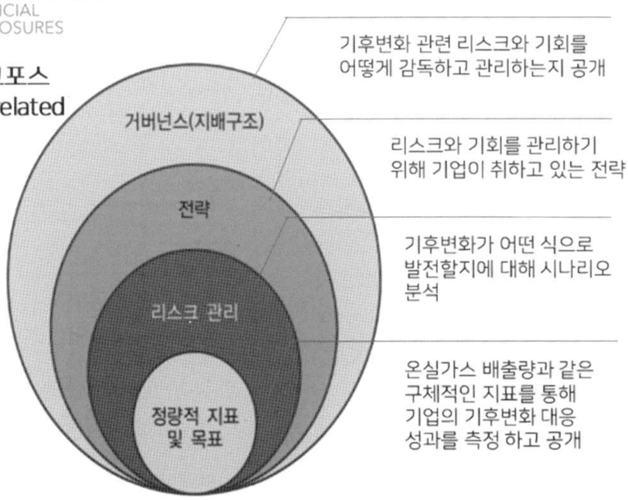

7. 유엔글로벌콤팩트 (1)

United Nations Global Compact

유엔글로벌콤팩트 (UNGC, United Nations Global Compact)

UNGC는 2000년 유엔에 의해 설립되어 기업들이 사회적 책임을 이행하도록 10대 원칙을 제공

- 목적 및 배경
  - ✓ 2000년 유엔에서 시작
  - ✓ 기업의 사회적 책임을 위한 10대 기본원칙 제공
- 주요 내용
  - ✓ 10대 원칙은 사람들을 존중하고, 공정한 노동 환경을 만들며, 지구를 보호하고, 부패 방지를 목표로 함
  - ✓ 세계인권선언, ILO 기본 원칙, 리우선언, UN 반부패협약 등을 기반으로 하며 기업의 일상 업무에 적용하도록 유도
  - ✓ 지속가능발전목표(SDGs) 달성에 기여
- 적용 및 영향
  - ✓ 전 세계 157개국, 14,000개 이상의 회원사 참여 (기업 11,000개 이상)출범
  - ✓ 한국 기업들도 유엔글로벌콤팩트 한국협회를 통해 참여
  - ✓ 회원사는 매년 이행보고서(COP) 또는 참여보고서(COE) 제출
  - ✓ 기업의 책임감 있는 행동을 세계에 보여줄 수 있는 중요한 방법

7. 유엔글로벌콤팩트 (2)

United Nations Global Compact

유엔글로벌콤팩트 10대 원칙

분류	원칙	설명
인권	원칙 1	기업은 국제적으로 선언된 인권 보호를 지지하고 존중해야 하고
	원칙 2	기업은 인권 침해에 연루되지 않도록 적극 노력한다.
노동	원칙 3	기업은 결사의 자유와 단체교섭권의 실질적인 인정을 지지하고
	원칙 4	모든 형태의 강제노동을 배제하며,
	원칙 5	아동노동을 효율적으로 철폐하고,
	원칙 6	고용 및 업무에서 차별을 철폐한다.
환경	원칙 7	기업은 환경문제에 대한 예방적 접근을 지지하고,
	원칙 8	환경적 책임을 증진하는 조치를 수행하며,
	원칙 9	환경친화적 기술의 개발과 확산을 촉진한다.
반부패	원칙 10	기업은 부당취득 및 뇌물 등을 포함하는 모든 행태의 부패에 반대한다.

- 144 -

3 ESG 실천방안

1. 탄소중립

탄소중립은 화석 연료 사용 등 인간활동에 따른 온실가스 배출량이 전 지구적 이산화탄소 흡수량과 균형을 이뤄 대기중 이산화탄소 농도가 더 높아지지 않는 것

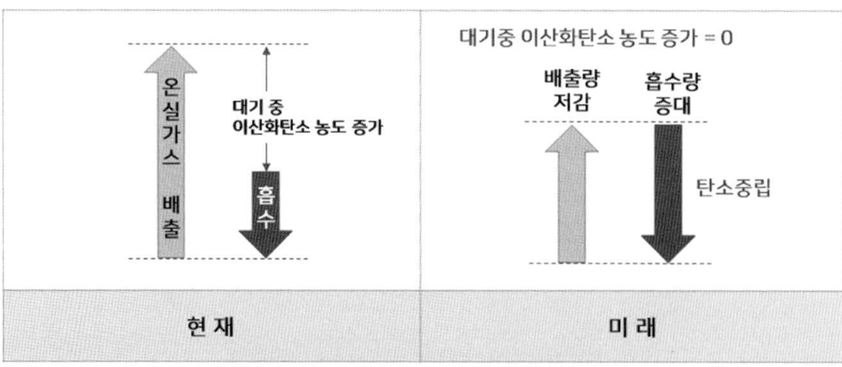

이산화탄소 순 배출량이 '0'이 되도록 하는 것
'넷 제로(Net Zero), 탄소 제로(Carbon Zero)'

2. 왜 탄소중립이 필요한가?

기후변화로 인한 위험을 크게 줄이기 위하여 지구 평균기온을 산업화 이전 대비 1.5℃ 이하로 억제해야 하며, 이를 위해 2050년까지 전 지구적으로 이산화탄소 순 배출량이 '0'이 되는 탄소중립이 달성되어야 함

지구 평균온도 상승 1.5℃와 2℃의 주요 영향 비교								
구분	중위도 폭염일 온도	고위도 한파일 온도	해수면 고도	산호초	해양 어획량	서식지의 절반 이상을 상실하는 종		
						식물	척추동물	곤충
2℃온난화	4.0℃ 상승	6.0℃ 상승	0.3~ 0.93m 상승	99%가 위험	300만톤 감소	16%	8%	18%
▲	1.0℃	1.5℃	0.1m	20~29%	150만톤	2~3배		
1.5℃온난화	3.0℃ 상승	4.5℃ 상승	0.26~ 0.77m 상승	70~90% 가 위험	150만톤 감소	8%	4%	6%

출처 : 지구 온난화 1.5℃ 특별보고서 해설서, 기상청

「지구온난화 1.5도 특별보고서」 기후변화에 관한 정부 간 협의체(IPCC)'(2018. 10)

3. 에너지

에너지 소비는 최대한 줄이고,

에너지 공급은 화석연료 중심에서 신재생에너지로 전환

- 건물의 냉·난방 효율 높이기
- 고효율 전자기기 사용
- 전자기기 사용 전력소비를 최소화하는 생활방식

4. 소비

산업구조가 고탄소에서 저탄소로 전환

- 소비 단계에서 개인과 기업이 탄소발자국을 고려한 제품 선택
  (제조와 소비가 선순환 구조를 형성)
- 저탄소 인증 제품, 이동 거리가 짧은 우리나라·우리 지역에서 생산한 농축산물 이용
- 오랫동안 사용할 수 있는 품질 보증 제품, 중고제품 이용 생활화

5. 수송

화석연료 기반으로 구축된 수송시스템은 전기자동차, 수소자동차 중심으로 재편

- 개인과 기업은 내연기관차를 전기 자동차와 수소 자동차로 전환
- 이동할 때 온실가스 배출을 최소화하도록 대중교통 이용
- 가까운 거리는 걷거나 자전거 이용

6. 자원순환

폐기물이 발생하지 않도록 하고 발생한 폐기물은 최대한 재활용하는 순환경제 사회로 전환

- 올바른 분리 배출 실천
- 1회용품과 종이 같은 자원 덜 사용하기 생활화

- 151 -

생활 속의 ESG 실천

1. 난방온도 2℃ 낮추고 냉방온도 2℃ 높이기 (1)

실천방법

- 동·하절기 적정 실내온도(여름철 25~28℃, 겨울철 18~20℃)를 고려하며, 에어컨 온도 설정 시 2℃ 높이고, 보일러 온도 설정 시 2℃ 낮추기
- 실내온도를 늘 확인할 수 있도록 온도계를 눈에 띄는 곳에 설치하기
- 계절에 맞는 옷차림(여름엔 시원한 옷, 겨울엔 따뜻한 옷을) 하며, 특히 겨울에는 내복·수면양말·무릎 담요 같은 보온용품 적극 활용하기
- 에어컨은 선풍기와 함께 사용하기(단, 풍향을 동일하게 해야 함)
- 커튼을 쳐서 집 안으로 들어오는 햇빛 차단하기

1. 난방온도 2℃ 낮추고 냉방온도 2℃ 높이기 (2)

온실가스 감축

가 구	연간 이산화탄소 감축량	168.8kg
국내 가구 10%	연간 이산화탄소 감축량	348,462t
	경제적 효과	85.8억 원
	나무 심는 효과	38,292,527그루

※ 산출정보

감축 원단위 : 냉·난방온도 조정에 따른 이산화탄소 감축량 합산

- 연간 에어컨 전력소비량에 2℃ 조정에 따른 에너지절감률을 적용하여 산출
- 연간 가구당 도시가스 사용량에 2℃ 조정에 따른 에너지절감률을 적용하여 산출

10% 기준 : 국내 총가구 (20,891,000가구)의 10% 적용(2019 인구주택총조사)

1. 난방온도 2℃ 낮추고 냉방온도 2℃ 높이기 (3)

효율적인 냉방 방법

- 에어컨과 선풍기 같이 사용
  - ✓ 에어컨의 소비전력은 선풍기 보다 30배 높기 때문에 에어컨을 '약'으로 운전하면서 선풍기를 함께 가동
- 실외기 차양막 설치
  - ✓ 실외기가 여름철 직사광선에 직접 노출되어 온도 가 높아지면 응축에 사용되는 전력량이 커지기 때문에 실외기 차양막을 설치한다면 최대 10% 까지 전기 절약
- 실내기 필터 주기적으로 청소
  - ✓ 실내기 필터가 이물질로 막히면 흡입되는 풍량과 풍속이 감소하게 되고, 에어컨을 필요 이상으로 가동하게 되어 에너지가 낭비

효율적인 난방 방법

- 보일러 절약모드 사용
  - ✓ 절약모드는 설정한 온도로 10~20분 동안 보일러 를 가동하고 설정한 시간만큼 보일러를 가동하지 않는 운영방식
- 보일러 외출모드 사용
  - ✓ 보일러 전원을 껐다 다시 가동하면 내려갔던 온도를 다시 끌어올릴 때 연료가 더 많이 소모되며, 재가동 초기에 연료가 많이 소비
- 실내 가습기 사용
  - ✓ 물(습기)은 비열이 공기보다 상대적으로 높아 보일러로 데워진 열기를 오래 간직해서 난방이 오래가는 효과

2. 창틀과 문틈 바람막이 설치하기 (1)

창문이나 벽체 사이의 틈 등으로 빠져나가는 열의 손실을 최대한 막으면 냉·난방기 가동을 줄이고 이에 따른 전력소비도 줄일 수 있음

실천방법

- 문풍지, 에어캡, 방풍비닐, 틈막이, 단열벽지 등 단열제품을 사용하여 틈을 막음
  - ✓ 문풍지 : 창문, 현관문, 유리문에 부착하여 틈새로 들어오는 바람 차단
  - ✓ 에어캡 : 내부에서 공기를 머금어 단열효과가 뛰어남
  - ✓ 방풍비닐 : 창문을 감싸는 비닐로 틈새 바람을 차단
  - ✓ 틈막이 : 창문의 틈을 막아 틈새 바람 차단

2. 창틀과 문틈 바람막이 설치하기 (2)

온실가스 감축

가 구 당	연간 이산화탄소 감축량	1138.3kg
국내 가구 10%	연간 이산화탄소 감축량	288,923t
	경제적 효과	71.1억 원
	나무 심는 효과	31,749,780그루

※ 산출정보

감축원단위 : 연간 가구당 도시가스 사용량(난방)에 단열재 사용에 따른 에너지 효율 개선효과를 적용하여 산출

10% 기준 : 국내 총가구 (20,891,000가구)의 10% 적용 (2019 인구주택총조사)

3. 디지털 탄소발자국 줄이기 (1)

‘디지털 탄소발자국’은 디지털 기기를 사용할 때 발생하는 이산화탄소의 양으로, 기기 충전, 인터넷 사용, 데이터 소비, 대기전력 등 기기를 사용하는 전 과정에서 발생

실천방법

- 디지털 기기 사용 시간을 줄이고, 화면은 ‘절전모드’, ‘밝기 조절’로 밝기 낮게 설정하기
- 동영상은 데이터 사용량을 고려해 스트리밍보다 직접 내려 받아서 시청하기
- 불필요한 메일은 정리(완전 삭제)하고 광고성 스팸메일 차단하기
  - 저장 데이터양이 늘어나면 데이터 수요에 필요한 데이터센터 증가로 전력 소비 증가
  - 데이터센터는 서버, 네트워크 설비 등을 갖추고 방대한 양의 데이터를 보관·처리하는 컴퓨터를 갖춘 시설로 열을 식히기 위한 냉방설비 가동, IT장비 가동 등에 따라 많은 양의 전력 소모

3. 디지털 탄소발자국 줄이기 (2)

디지털 기기 사용에 따른 온실가스 배출량 감소

온실가스 배출량			
유튜브 10분 시청	1g	전화통화 1분	3.6g
인터넷 검색	0.2g	데이터 1MB 사용	11g
이메일 한 통	4g		

※ 환경교육포털 누리집(https://www.keep.go.kr).

4. 음식물 쓰레기 줄이기 (1)

우리나라의 연간 음식물 쓰레기 발생량은 약 522만 톤
분야별 발생량은 가정이 76%, 음식점이 17%, 사업장이 7% 수준 (2019년 기준)

실천방법

- 식단계획과 유통기한을 고려해 최소한의 식재료만 구입하기
- 식재료는 한 끼 분량으로 나누어 투명용기에 보관하고 식사량에 맞춰 조리하기
- 음식은 인원에 맞춰 주문하고, 먹지 않을 반찬은 미리 반납하기
- 음식은 남기지 않으며 부득이하게 남은 음식은 다회용 용기에 포장해 가기
- 길이가 긴 채소류와 덩어리가 큰 수박껍질 등은 잘게 썰어 부피를 줄여 배출하기
- 찌개류는 국물을 버리고 찌꺼기의 물기를 제거한 후 배출하기

4. 음식물 쓰레기 줄이기 (2)

온실가스 감축

1인당	연간 이산화탄소 감축량	4.3kg
국내인구 10%	연간 이산화탄소 감축량	22,265t
	경제적 효과	5.5억 원
	나무 심는 효과	2,446,703그루

※ 산출정보
감축원단위 : 1인당 연간 음식물 쓰레기 온실가스 배출량에 음식물 쓰레기 감축률을 적용하여 산출
- 음식물 쓰레기를 30% 줄이는 것으로 가정하여 산출
10% 기준 : 국내 총인구 (51,779,203명)의 10% 적용 (2019 인구주택총조사)

5. 우리지역 식재료 이용하기 (1)

식재료는 생산·유통·보관하는 과정에서 온실가스가 배출되므로 수입산보다는 국내산을 먼 지역보다는 가까운 지역에서 생산한 것을 구매하는 소비습관 필요

실천방법

- 국내에서 생산된 농축수산물 구매하기
- 지역 농산물(로컬푸드) 매장 이용하기
- 텃밭 또는 화분과 같은 용기를 이용해 채소를 직접 키워 먹기

국내산 소고기와 수입산 소고기의 온실가스 배출량 비교(이동 시 배출량 포함)

구분	국내산 소고기	수입산 소고기*
소고기 1kg 당 CO_2 배출량	27.75kg	108.2kg

* 평균이 아닌 특정 지역에서 생산되어 수입된 소고기를 예로 제시한 값

5. 우리지역 식재료 이용하기 (2)

온실가스 감축

1인당	연간 이산화탄소 감축량	130.8kg
국내인구 10%	연간 이산화탄소 감축량	677,272t
	경제적 효과	166.7억 원
	나무 심는 효과	74,425,495그루

※ 산출정보

감축원단위 : 국내산 소고기와 수입산 소고기의 온실가스 배출량 차이를 바탕으로 도출

- 국내 전체 소고기 소비 비중(국내산 소고기 37%, 수입산 소고기 63%)에서 수입산 소고기 소비량 중 20%를 국내산 소고기로 소비한다고 가정

10% 기준 : 국내 총인구 (51,779,203명)의 10% 적용 (2019 인구주택총조사)

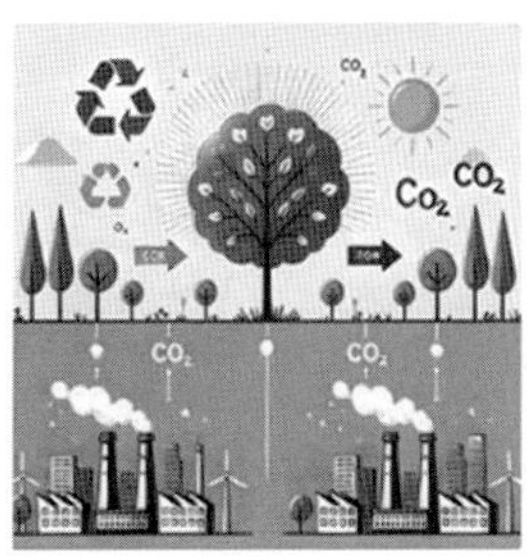

6. 중고제품 이용하고 안 쓰는 제품은 나눔

내게는 쓸모가 없어진 중고제품이나 안 쓰는 제품도 이것이 필요한 누군가에게는 다시 사용하는 자원으로 가치 제공

- 필요성이 다한 물건은 버리기 전에 중고 거래나 나눔장터에서 쓰임새 찾기
- 물건을 구매하기 전에 꼭 필요한지, 중고물품으로 구매할 수 있는지 확인하기

온실가스 감축

- 중고제품 사용에 따른 온실가스 배출량 감소

아름다운가게

동묘 구제시장

중고나라 번개장터 당근

7. 개인용 자동차 대신 대중교통, 자전거 이용하기 (1)

우리나라 등록 자동차 중 약 92.4%가 자가용이며 승용차 이용을 줄이고 대중교통을 이용하면 온실가스 저감

실천방법

- 버스(시내·마을버스, 시외·고속버스 등), 지하철, 기차 등 대중교통 적극 이용하기
- 출퇴근 및 출장 시 대중교통, 자전거를 적극 이용할 수 있도록 홍보하기 (기업)
- 편의시설 및 혜택 제공 등 실천을 활성화할 수 있는 방안을 마련하기 (기업)
  - 출퇴근 시간 조정, 자전거 거치대 또는 주차장 시설 제공, 샤워시설 제공 등

7. 개인용 자동차 대신 대중교통, 자전거 이용하기 (2)

온실가스 감축

승용차 1대당	연간 이산화탄소 감축량	285.4kg
국내 등록된 자가용 승용차 10%	연간 이산화탄소 감축량	515,767t
	경제적 효과	127억 원
	나무 심는 효과	56,677,692그루

※ 산출정보
감축원단위 : 주 1회 휘발유 사용 자동차 대신 대중교통을 이용하는 효과 산출
- 1일 평균 주행거리를 30㎞로 가정
10% 기준 : 2019년 기준 자가용 승용차 등록대수 18,071,723대의 10% 적용

8. 청구서, 영수증 등의 전자적 제공 서비스 이용 (1)

종이영수증은 자원 낭비, 환경오염, 개인정보 유출 우려 같은 폐해가 있으므로 모바일 앱 등으로 영수증을 발급하는 전자영수증을 이용

실천방법

- 대형마트, 백화점에서 물품 구매 시 전용앱 으로 전자영수증 받기
- 전자영수증 서비스를 제공하지 않는 경우 불필요한 종이영수증 받지 않기
- 은행거래 시 종이통장 발급받지 않기

2019년 8월 29일

"대형마트·백화점, 종이영수증 사라진다"

대형유통업계 종이영수증 줄이기 자발적 협약식

2019년 8월, 종이영수증을 줄이고 전자영수증을 활성화하기 위해 정부와 13개 대형유통업계가 「종이영수증 줄이기 협약식」을 체결했습니다.

협약사들은 전자영수증 시스템을 구축하여, 영수증 발급 체계를 개선하고 전자영수증 발급 참여를 적극적으로 독려하고 있습니다.

8. 청구서, 영수증 등의 전자적 제공 서비스 이용 (2)

온실가스 감축

구분	항목	값
1인당	연간 이산화탄소 감축량	0.64kg
국내 인구 10%	연간 이산화탄소 감축량	3,314t
	경제적 효과	0.8억 원
	나무 심는 효과	364,176그루

※ 산출정보

감축원단위 : 1인당 종이청구서를 월 3건, 12개월간 줄이고 종이청구서 1건에 사용되는 종이를 A4용지 1장으로 가정하였으며, 연간 1인당 발행 되는 종이영수증을 전자영수증으로 전환한다고 가정

10% 기준 : 국내 총인구(51,779,203명)의 10% 적용(2019 인구주택총조사)

기업의 ESG 실천

1. 전자제품 대기전력 차단하기 (1)

대기전력은 기기의 동작과 관계없이 전원을 끈 상태에서도 소비되는 전력으로 불필요하게 낭비되는 전력

실천방법

- 대기전력이 높은 가전제품과 자주 사용하지 않거나 일시적으로만 사용하는 가전제품이 있는지 확인하기
- 간헐적으로 사용하는 제품(에어컨 등)을 사용하지 않을 때는 콘센트 뽑기
- 가전제품의 특성과 생활 습관을 고려해 알맞은 대기전력 차단장치 설치·관리하기
  - '텔레비전, 셋톱박스, 기타 텔레비전과 관련된 전자기기', '컴퓨터, 모니터, 프린터, 스피커, 인터넷 수신기'는 **통합 스위치형 멀티탭**으로 묶어 손이 닿는 위치에 설치
  - 전자레인지와 같이 일시적으로 자주 사용하는 가전제품은 **단일 스위치형 멀티탭**으로 사용할 때만 운영
- 휴가, 명절, 점심시간 및 출·퇴근 등 자리를 비울 때는 가전제품의 콘센트 뽑기

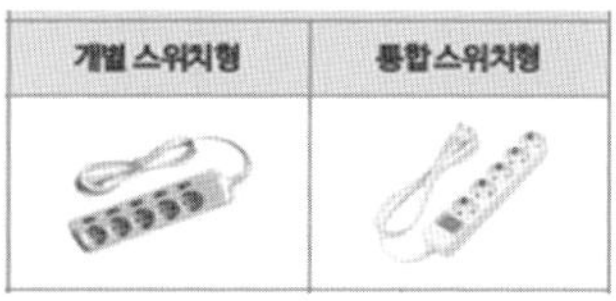

1. 전자제품 대기전력 차단하기 (2)

온실가스 감축

우리기업	연간 이산화탄소 감축량	0.3t
전체 기업 10%	연간 이산화탄소 감축량	14,407t
	경제적 효과	3.5억 원
	나무 심는 효과	1,583,187그루

※ 산출정보
감축원단위 : 26명 규모 사무실에서 전자기기 대기전력 차단 시 감축량 (322㎏/제품군)

2. 승강기 격층 운행하고 계단 이용 (1)

사무실 빌딩의 승강기 1대의 1일 평균 운행 횟수는 약 1,200회로 연간 약 41t의 이산화탄소 배출

실천방법
▪ 승강기 격층 운행하기(월간 최대 23.6%의 에너지 절감 가능) ▪ 이동 시 승강기 대신 계단 이용하기 - 계단 이용하기 외에 일상생활 속 걷기 실천 팁 홍보

2. 승강기 격층 운행하고 계단 이용 (2)

온실가스 감축

우리기업	연간 이산화탄소 감축량	0.96t
전체 기업 10%	연간 이산화탄소 감축량	42,994t
	경제적 효과	10.6억 원
	나무 심는 효과	4,724,615그루

※ 산출정보

- 감축원단위: 승강기 1대당 연간 감축량(9,757.9㎏)
  - 승강기 1대당 이산화탄소 배출량(약 41t)에 격층 운영에 따른 절감 효과(23.6%) 적용

  우리 기업: 승강기수 0.0986대 적용

  (업무시설 승강기 44,061대에 전체 기업종사자수 비율 적용하여 산출)

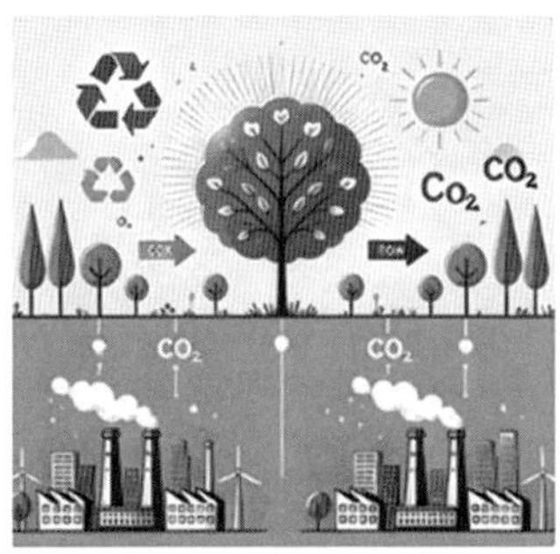

3. 절수 설비 또는 절수 기기 설치하기 (1)

절수 설비는 절수형으로 생산된 완제품을 의미하며, 절수 기기는 기존 설비의 부속품을 교체하거나 추가로 장착해 절수 기능을 하도록 하는 제품

실천방법

- 싱크대, 화장실 등의 수전 교체 시 절수 설비 설치하기
- 설치가 간편한 샤워헤드, 세면대, 양변기에 절수 기기 장착하기
  - 절수형 샤워헤드를 사용하면 27~37% 절수 효과
- 샤워시간 줄이기(15분 기준 180L→13분 기준 156L)
- 용도에 맞게 수압을 조절해서 사용하기

3. 절수 설비 또는 절수 기기 설치하기 (2)

온실가스 감축

가 구 당	연간 이산화탄소 감축량	0.3t
전체기업 10%	연간 이산화탄소 감축량	12,436t
	경제적 효과	3억 원
	나무 심는 효과	1,366,593그루

※ 산출정보
감축원단위 : 절수 기기 사용시 1인당 감축량(10.7㎏/인)
절수 기기 사용시 절약할 수 있는 연간 생활용수량을 적용해 산출

4. 탄소발자국을 고려한 소비 촉진하기

제품이나 서비스의 생산부터 폐기까지 전 과정에 걸쳐 발생한 온실가스 배출량을 이산화탄소 배출량으로 환산하여 표시한 것이 '탄소발자국'

실천방법

- 고객 및 임직원 대상으로 탄소발자국을 고려하여 제품을 구매하도록 홍보
- 탄소발자국을 고려하여 구매하는 법
  - ➢ 환경성적표지(탄소발자국), 저탄소 제품 인증을 확인하여 물건 구매하기
  - ➢ 새활용, 재활용 제품 구매하기
  - ➢ 과대포장 제품을 사지 않고, 중고제품을 이용하기
  - ➢ 품질이 보증되어 있고, 오래 사용이 가능한 제품을 구매하기
  - ➢ 전자제품은 에너지 효율 등급이 높은 제품 구매하기

5. 기업 내 녹색제품 구매제도 운영 (1)

실천방법

- 기업의 구매부서의 업무 절차에 녹색제품 우선구매, 녹색제품의 구매성과 작성 및 보고 절차를 반영하여 운영하기
  - 녹색제품 판매처 : 조달청 나라장터 종합쇼핑몰, 녹색장터, 녹색제품정보시스템, 상품정보시스템 등
- 기업에 사용·제공될 목적으로 용역계약 시 용역계약자가 구매하는 품목에 녹색제품이 있는 경우 원칙적으로 녹색제품을 사용하도록 권장하기
- 구매담당자 및 녹색구매 관련 직원들을 대상으로 녹색제품 구매 교육 실시하기

녹색제품(1개당) 구매에 따른 환경·경제적 편익 사례

녹색제품을 사용하면 제품의 생산, 사용 및 폐기 단계에서 발생할 수 있는 환경적인 영향을 줄이고 환경 복원에 드는 비용을 절감함으로써 사회적 비용을 최소화

녹색제품구매정보시스템(https://gd.greenproduct.go.kr:8447)

품목군	제품군	무게(kg/개)	편익금액(원/1개)	편익내
전자기기	토너 카트리지	1,021	95,167.9	유해물질 감소
	프린터	7.2	1,786,640.5	에너지 절약
	개인용 컴퓨터	8.82	137,449.3	에너지 절약
	컴퓨터용 모니터	3.7	45,528.8	에너지 절약
가구	가구	25.65	165,878.2	유해물질 감소
	의자	17	2,740,556.6	유해물질 감소
	침대	25.56	2,610,128.1	유해물질 감소
건설용 자재	페인트	–	13,362.2	유해물질 감소
	LED 등기구	5.0	24,164.5	에너지 절약
	벽지	–	4,269.0	유해물질 감소

5. 기업 내 녹색제품 구매제도 운영 (2)

녹색제품이란 '저탄소 녹색성장 기본법' 제2조 제5호에 따른 제품으로 '환경표지제품', '저탄소 제품', '우수재활용제품' 등이 해당되며, 사용단계에서 환경영향을 최소화하고, 환경복원비용을 절감함으로써 사회적 비용을 최소화한 제품

녹색제품 정의 및 범위

구분	내용
환경표지 제품	「환경기술 및 환경산업 지원법」 제17조 제1항에 따라 같은 용도의 다른 제품에 비하여 제품의 환경성을 개선하여 환경표지 인증을 받은 제품 및 동 기준에 적합한 제품
저탄소 제품	「환경기술 및 환경산업 지원법」 제18조 제1항에 따른 환경성적표지의 인증을 받은 제품 중 환경부장관이 정하여 고시하는 기준에 따라 「저탄소 녹색성장 기본법」 제2조 제9호에 따른 온실가스의 배출량을 줄인 제품
우수재활용 제품	「자원의 절약과 재활용촉진에 관한 법률」 제33조 및 「산업기술혁신 촉진법」 제15조에 따라 산업통상자원부장관이 정하여 고시하는 재활용제품 및 동 인증 기준에 적합한 제품
기타	환경부장관이 관계 부처 장관과 협의하여 고시하는 대상 품목별 판단기준에 적합한 상품

6. 품질이 보증되고 오래 사용 가능한 제품 사기

- 제품 구매 시 품질보증 마크 (Q 마크, K마크) 확인하고 구매하기
- 품질 보증 제품은 인증 기준에 따른 성능과 안전성 평가를 거쳐 우수한 품질 및 내구성 인증을 받았으므로 사용·관리 방안을 잘 숙지하여 장기간 제품을 사용하면 온실가스 배출량 감소 가능

7. 과대포장 제품 안 사기

- 과대포장은 플라스틱, 비닐, 종이 등의 자원을 낭비하는 것은 물론 제품의 가격까지 올라가게 만들어 불필요한 비용 발생
- 제품 구매 시 포장재 최소화 여부 확인하기

8. 재활용하기 쉬운 재질·구조로 된 제품 구매하기

- 재활용이 쉽게 만들어진 제품을 소비하고, 폐기물의 분리배출을 철저히 하면 재활용 과정에서 효율을 높이고 처리비용을 줄임
- 제품 구매 시 몸체/라벨 등이 단일 재질 · 색상인지 확인
- 제품 구매 시 라벨이 쉽게 분리되는지 확인
- 제품 구매 시 분리 배출 표시 확인

9. 자원순환성을 고려한 제품 전략 수립

제품의 전 과정(life cycle) 측면에서 제품의 설계 단계에서부터 자원순환성을 고려한 친환경 제품 설계가 필요하며, 판매 과정 및 판매 후에도 자원순환성 제고

실천방법

- 자사 제품 환경성적표지(탄소발자국), 저탄소 제품 인증받기
- 제품 제조·배송 과정에서 과대 포장 줄이기
- 소비자에게 일률적으로 포장을 제공하는 방식에서 소비자가 필요에 따라 포장 유무와 포장의 정도(예: 포장을 최소화한 간편포장 등)를 선택할 수 있도록 시스템 개선
- 소비자는 분리배출을 쉽게 할 수 있고, 재활용 공정에서는 처리가 용이하도록 제품을 설계하기(예: 단일재질 및 단일색상의 용기, 분리하기 쉬운 라벨)
- 이월재고 상품이나 리퍼브 제품을 적극적으로 판매하기

관련제도

- 환경성적표지, 저탄소제품인증제도 (환경부)
- 재활용용이성등급표시, 포장재질·구조평가제도 (환경부)
- 분리배출표시제도(환경부)

바이백 (buy-back) 서비스	OO가구 회사에서는 자원 순환과 기후 대응을 위해 고객이 사용하던 자사의 중고 가구를 매입 후 리터치해 재판매하는 '바이백(buy-back)' 서비스를 운영하며, 중고 가구를 판매한 고객에게는 또 다른 바이백 제품을 구매할 수 있는 혜택을 제공함

10. 종이 없는 회의 활성화하기 (1)

종이 절약, 문서 출력 시간 감소, 행정업무 효율성 증가, 회의자료 보안·관리 유용 등 효과

실천방법

- 회의 개최 시 회의자료로 종이 대신 전자기기를 사용하는 시스템 마련하기
  - 회의자료를 전자문서로 배포하고 개인용 전자기기를 활용하여 회의에 참여하도록 안내
  - 공용으로 사용 가능한 회의용 전자기기를 비치하고 관리
  - ※ 전자기기 사용으로 인한 온실가스 배출을 고려하여, 긴 시간 동안 적은 양의 종이를 사용하는 회의에는 종이 사용이 더 효과적일 수 있음

10. 종이 없는 회의 활성화하기 (2)

온실가스 감축

우리기업	연간 이산화탄소 감축량	0.09kg
기업전체 10%	연간 이산화탄소 감축량	4,113t
	경제적 효과	1억 원
	나무 심는 효과	451,978그루

※ 산출정보

감축원단위 : 제안서 평가와 같이 다량의 종이를 사용하는 회의의 회의자료를 전자화 했을 때의 감축량 (4.6kgCO_2/회의 1회)

- 제안서 발표 시 종이 1,000매 사용으로 가정하여 종이 절감에 따른 온실가스 감축량에서 전자기기 사용에 따른 온실가스 배출량 차감
- 0.005264kg/장 (A4용지 1장당 이산화탄소 배출량, 한국환경산업기술원)

우리 기업 : 제안서 발표를 연간 20회로 가정

전체 기업 : 제안서 발표를 연간 8,940,269회로 가정

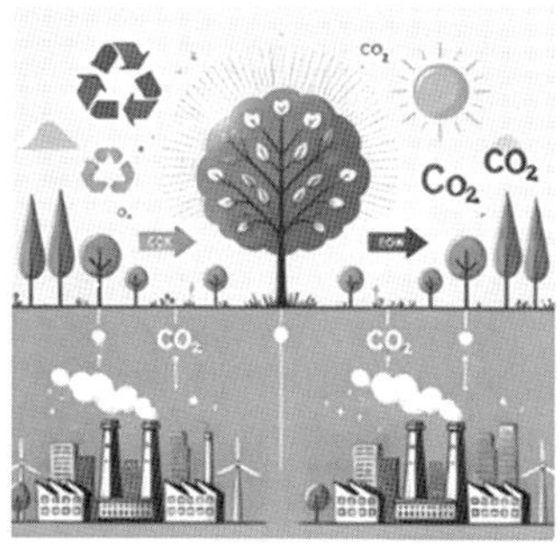

11. 1회용품 줄이기 지침 마련 및 운영 (1)

실천방법

- 1회용품 줄이기 실천지침 등을 마련하여 운영하기
  - '공공기관 1회용품 등 사용 줄이기 실천지침'을 참고
- 회의·행사 등을 운영 시 1회용품 구매 및 사용을 자제하기
- 1회용품을 줄이기 위해 다회용 컵·음수대·우산 빗물 제거기 등을 활용하기
- 기업 내 매점·식당·커피전문점과 계약을 체결할 때, 1회용품과 플라스틱 포장 제품의 제공을 자제하고 판매를 줄이도록 권고

11. 1회용품 줄이기 지침 마련 및 운영 (2)

온실가스 감축

우리기업	연간 이산화탄소 감축량	0.09kg
기업전체 10%	연간 이산화탄소 감축량	4,068t
	경제적 효과	1억 원
	나무 심는 효과	447,033그루

※ 산출정보

감축원단위 : 1인당 종이컵 사용량을 1일 2개, 250일간 줄였을 때 감축량 (3.5kg/인)

직장인 포장용기 사용으로 인한 온실가스 배출량

점심 4.68kgCO_2	1회용 도시락(용기) + 1회용 수저	4.57kgCO_2 + 110gCO_2
오후 간식 274.7gCO_2	테이크아웃 커피(종이컵) + 마카롱(용기)	24.7gCO_2 + 250gCO_2

TV조선, 2021.05.21., 1회용 식기서 탄소 배출 3kg..."기후변화 앞당기는 배송 쓰레기"

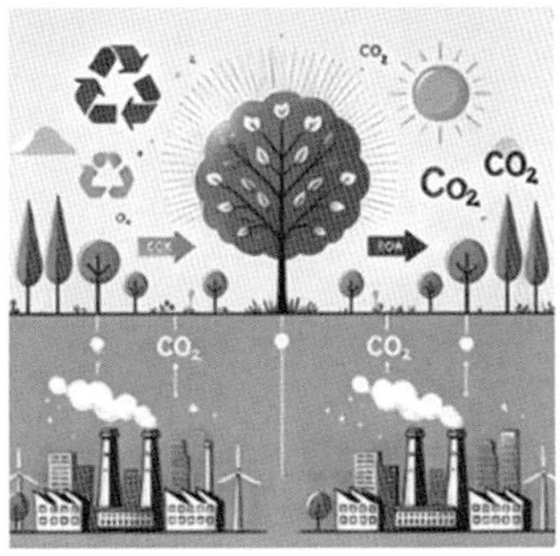

11. 1회용품 줄이기 지침 마련 및 운영 (3)

전 지구적으로 매년 산림을 통해 흡수되는 이산화탄소의 양은 약 26억 톤

국제자연보전연맹(International Union for Conservation of Nature, IUCN)

- 개인은 탄소 흡수원의 중요성 인식하고 산불예방 등 흡수원 보호 노력
- 기업은 직원과 고객을 대상으로 흡수원에 대한 인식 제고 및 나무심기 활동

12. 탄소흡수원의 중요성을 알고 보호하기 (1)

탄소흡수원은 기본적으로 대기 중 이산화탄소를 흡수하여 광합성을 통해 나무와 토양에 탄소를 저장하여 온실가스 감축에 기여

산림의 중요성

- 산림 및 습지가 우리나라 이산화탄소 37.88백만 톤 흡수 ('20년) (22년 국가 온실가스 인벤토리 보고서 (National Inventory Report, NIR)
- 흡수량은 우리나라 국가 총배출량 (6억 5,620만 톤)의 약 5.8%를 차지

2020년 산림 및 습지 등의 온실가스 배출량 및 흡수량

(단위: 백만톤 $CO_2eq.$)

부 문				
산림지	농경지	초지	습지	목재제품
-40.5	2.8	-0.02	0.3	-0.5

배출총량	흡수총량	순 흡수량
3.2	-41.0	-37.9

* 음수는 흡수, 양수는 배출
출처 : 온실가스종합정보센터, 2023, 2022 국가온실가스 인벤토리보고서

12. 탄소흡수원의 중요성을 알고 보호하기 (2)

산림보호 및 온실가스 감축에서 산불예방

- 산불의 영향
  - 산림 생태계 파괴
  - 지역 주민의 재산 및 인명에 피해
  - 이산화탄소 배출로 지구온난화 초래
- 우리나라 연평균 567건의 산불 발생 ('14~23년평균)
  - 4,004ha의 산림 소실 (축구장 약 5,720개 규모)
- 최근 기후변화 등의 원인으로 초대형 산불이 발생하며 범국제적 재난으로 부각

12. 탄소흡수원의 중요성을 알고 보호하기 (3)

■ 탄소흡수원의 중요성을 알고 보호하기

탄소흡수원은 기본적으로 대기 중 이산화탄소를 흡수하여 광합성을 통해 나무와 토양에 탄소를 저장하여 온실가스 감축에 기여

습지의 기능

구분	내용
지하수위 조절/유지	•습지 저층을 통해 지하수층으로 물을 보내 비용해성 오염원 여과 •생활, 농업, 공업용수 등으로 사용
홍수범람 억제와 물 공급	•홍수의 넘치는 물을 모으는 저수지 역할 •자연습지는 댐이나 저수지, 관개시설을 줄이는 경제적 효과
하천수질 보호/유지	•부영양화를 억제하고 질소와 인을 축적하여 수질 개선 •소규모 생활폐수 처리에 습지 이용 가능
수변과 연계된 심미경관	•각종 생물이 서식하고 수변과 연계하여 경관 조성 •주변 경관을 다양한 목적으로 활용

12. 탄소흡수원의 중요성을 알고 보호하기 (4)

산림의 기능

구분	내용
산림휴양	•피톤치드 발산으로 마음의 안정을 가져오고 건강에 효과
대기정화	•산소를 배출하고 지구온난화를 유발하는 대기오염 물질 흡수 •나뭇잎은 공기 중 먼지, 아황산가스 등 오염 물질을 흡착하여 공기 정화
수원함양	•수해를 예방하고 깨끗한 물을 서서히 공급
야생동물 보호	•야생동물 서식처 제공, 야생조수에게 해충을 먹이로 제공하여 산림이나 농작물 피해를 줄임
토사유출 방지	•나무뿌리 등이 물이 흘러갈 때 토사 유출을 막아줌 •토사유출을 막아 농경지 매몰이나 하천 바닥이 높아지는 것을 방지
토사붕괴 방지	•산사태 등 재해 방지로 인명 피해 및 농경지 유실을 막아 줌

13. 사무실 내외 식물 가꾸기

도시의 각종 오염물질은 주택이나 빌딩건물의 실내공기를 오염시키고 온실가스를 배출

실천방법

- 사무실 내, 건물 옥상 등에서 식물 가꾸기 캠페인 실시하기
  - 실내는 공기정화 화분, 실외는 탄소 흡수율이 높은 나무로 조경

실천효과

- 실내 공기질 개선
- 도심내 열섬현상 억제
- 냉 · 난방비 절감
- 건축물 내구성 향상
- 도심 동식물 서식 공간 제공
- 도시 경관 향상 등의 효과

출처 : 서울로컬뉴스(http://www.slnews.co.kr)

Q

제3장 예상문제

예상문제

[4지 선다형] 다음 내용 중 EU의 기업 지속가능성 보고지침 요구사항은?

> 기업이 직면할 수 있는 주요 지속가능성 위험과 그 위험을 관리하기 위한 방안 보고

① 지속가능성 목표 ② 역할과 정책

③ 실사 과정 ④ 위험 관리

[O, X] 기업의 제품이나 서비스를 만들고 판매하는 전체 과정에서 나오는 온실가스는 Scope 2라고 한다. (○, ×)

[단답식] 2017년에 설립된 ( )는 전 세계 기업이 기후 변화가 비즈니스에 어떤 영향을 미칠 수 있는지 명확히 알리기 위해 구성된 그룹이다.

정답과 해설

[4지 선다형] 정답 : ④

EU의 기업 지속가능성 보고지침 요구사항 중 위험관리는 기업이 직면할 수 있는 주요 지속가능성 위험과 그 위험을 관리하기 위한 방안 보고이다.

[O, X] 정답 : X

기업의 제품이나 서비스를 만들고 판매하는 전체 과정에서 나오는 온실가스는 Scope 3 이다.

[단답식] 정답 : 기후 관련 재무공개 태스크포스(TCFD)

2017년에 설립된 기후 관련 재무공개 태스크포스(TCFD, Task Force on Climate-related Financial Disclosures)는 전 세계 기업이 기후 변화가 비즈니스에 어떤 영향을 미칠 수 있는지 명확히 알리기 위해 구성된 그룹이다.

출제 예상문제

01. 다음에서 ESG와 관련한 법 중 관련이 있는 것은?

제품을 살 때 그 제품이 환경에 얼마나 좋은지, 안전한지 등에 대한 정보를 구매하는 사람에게 알려주는 것으로 우리가 간식을 먹을 때 간식의 성분이 건강에 얼마나 좋은지 알고 싶은 것과 같은 의미이다

① 무역과 연계한 법률
② 공급망 실사 의무
③ 기업정보 공개 의무
④ 제품정보 공개 의무

02. 다음 내용 중 EU의 기업 지속가능성 보고지침 요구사항은?

기업이 직면할 수 있는 주요 지속가능성 위험과 그 위험을 관리하기 위한 방안 보고

① 지속가능성 목표
② 역할과 정책
③ 실사 과정
④ 위험 관리

03. 다음 중 ISO 26000에서 다루는 주제가 아닌 것은?

기업이나 정부 같은 기관들이 얼마나 많은 온실가스를 배출하는지 계산하고 그 정보를 알려주는 국제적인 규칙으로 1997년에 세계자원연구소(WRI)와 세계지속가능발전기업협의회(WBCSD)에 의해 만들어졌다.

① 지배구조
② 인권
③ 소비자 이슈
④ 정부규제

04. 네덜란드 아동노동 실사의무법은 기업들이 자신들이 판매하거나 제공하는 상품이나 서비스가 아이들의 노동에 의해 만들어진 것이 아닌지 확인하는 작업을 하도록 요구한 것이다. (○, ×)

참고자료

1. 기획서 작성의 핵심

1. 기획서 작성의 핵심 포인트

- 가득 채우기보다는 여백의 미를 고려하라
- 디테일보다 키워드로 요약하라
- 가급적 포인트를 3가지로 정리하라
- 명확히 이해할 수 있는 흐름을 보여줘라
- 문장만이 아니라 비주얼로 차별화하라
- 특색 없는 이미지보다 실제 사진을 활용하라
- 고객이 이해하기 쉽게 비교법을 사용하라
- 수치보다 그래프로 표현하는 방법을 연구하라
- 복잡하지 않도록 이미지를 통일하라
- 상대의 꿈을 실현하는 제안을 하라

2. 기획서의 8요소

Why	왜 이 기획을 입하는가?
What	이 기획으로 무엇을 하려 하는가?
Target	무엇에 대해 이 기획을 실시하는가?
How	이 기획을 어떻게 추진하려고 하는가?
When	언제 어떠한 일정으로 추진하려고 하는가?
Who	누가 하는가?
Where	어디에서 실시하는가?
How much	비용과 이익은 어떠한가?

3. 프레임 설정

- 200 -

4. 메시지를 강조하는 방법

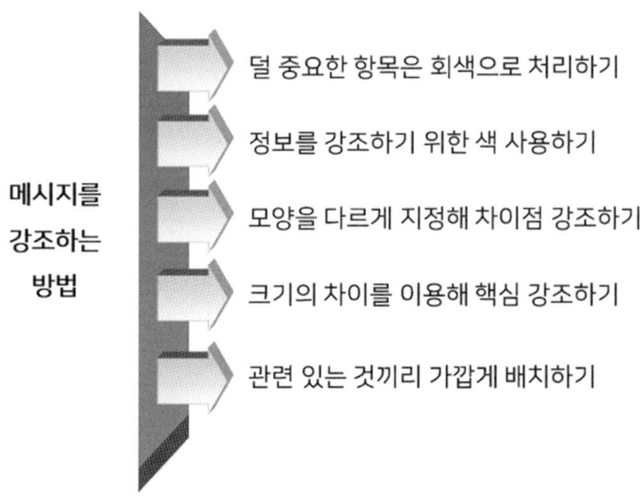

- 201 -

5. 비즈니스 글쓰기

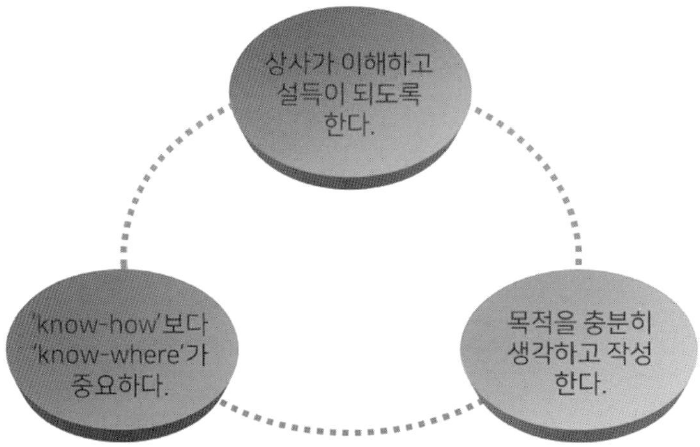

- 202 -

6. 기획서가 갖추어야 할 가장 기본적인 4법칙

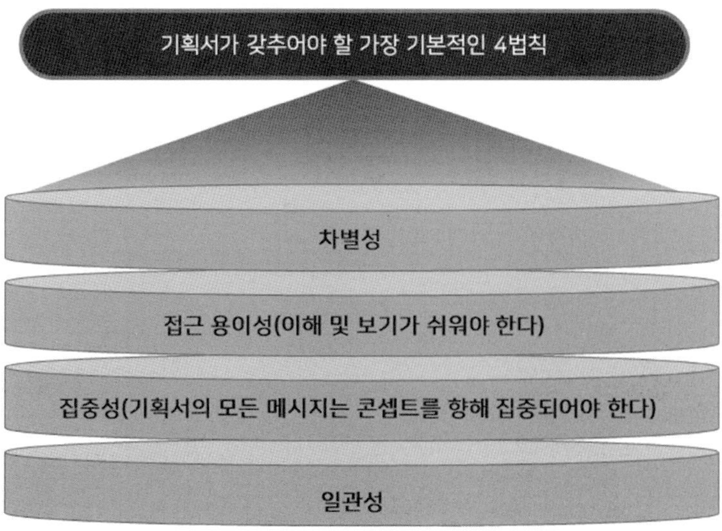

- 203 -

2. 지식재산권 확보

1. 지식재산권

지식재산권(Intellectual Property Rights)이란 사람의 정신적, 지능적 능력의 결정체인 창작에 대하여 사회에 공개하는 대가로 국가가 공권력에 의해 부여해 주는 독점권을 말한다. 보통 우리가 알고 있는 통상의 동산이나 부동산과는 달리 형체가 없기 때문에 무체재산권이라고도 한다.

산업재산권

산업영역에서 일정기간 독점적 · 배타적으로 이용할 수 있는 권리

예시

특허권	전기차 모터 등 "핵심기술"
실용신안권	전기차 주변 "개량기술"
상표권	전기차 "모델명"
디자인권	전기차 "외관"

저작권

저작자가 자기의 저작물에 대하여 가지는 배타적인 법적 권리

예시

저작인격권	음악의 "작곡자의 성명 표시"
저작재산권	음악의 "공연, 방송, 배포"
저작인접권	음악의 실연자, 음반제작자, 방송사업자가 갖는 권리

신지식재산권

경제·사회 또는 문화의 변화나 과학기술의 발전에 따라 새로운 분야에서 출현하는 지식재산

예시

데이터	"데이터베이스", "빅데이터"
전통지식	"과학지식", "생태학적 지식"
유전자원	"신품종", "농림자원"

2. 지식재산권은 왜 필요한가?

01 시장에서의 독점적 지위 확보

02 특허분쟁의 예방 및 권리보호

03 연구개발 투자비 회수 및 추가 기술개발의 원천

04 정부의 각종 정책자금 및 세제지원 혜택

3. 산업재산권의 개념 및 분류 (1)

구분	특허권	실용신안권	디자인권	상표권
정의	자연법칙을 이용한 기술적 사상의 창작으로서 발명 수준이 고도화된 것 (대발명)	자연법칙을 이용한 기술적 사상의 창작으로서 물품의 형상·구조·조합에 관한 실용 있는 고안 (소발명)	물품의 형상·모양·색채 또는 이들이 결합한 것으로서 시각을 통하여 미감을 느끼게 하는 것	타인의 상품과 식별하기 위하여 사용되는 기호·문자·도형·입체적 형상·색채, 홀로그램·동작 또는 이들을 결합한 것
보기 (전화기)	알렉산더 그레이엄 벨이 전자를 응용하여 처음으로 전화기를 생각해 낸 것	분리된 송수화기를 하나로 하여 편리하게 한 것	탁상전화기를 반구형이나 네모꼴로 한 것	전화기 제조회사가 제품이나 포장 등에 표시하는 상호·마크
존속 기간	설정등록일로부터 출원일 후 20년까지	설정등록일로부터 출원일 후 10년까지	설정등록일로부터 출원일 후 20년까지	설정등록일로부터 10년(10년마다 갱신 가능, 반영구적 권리)

3. 산업재산권의 개념 및 분류 (2)

특허

원천, 핵심기술

- 엔진 제어 시스템
- ABS 브레이크 시스템
- 지능형 현가 시스템
- 변속기 시스템

실용신안

Life cycle이 짧은 주변 개량 기술

- 백미러
- 컵홀더
- 자동차도어
- 의자 높낮이 조절장치

디자인

물품의 외관

- 차체 형상
- 의자 형상
- 전방 램프 형상
- 리어 스포일러 형상

상표

상품의 명칭

- 자동차 명칭 (제네시스, 그랜저 등)
- 제작사 명칭 (현대, 도요타, BMW 등)

4. 특허 등록요건

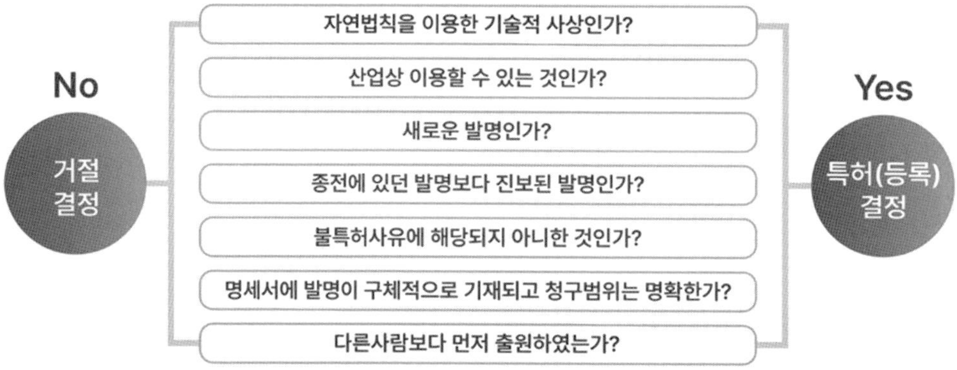

5. 특허와 실용신안

구분		특허	실용신안
등록	보호대상	자연법칙을 이용한 기술적 사상의 창작으로서 고도한 것	물품의 형상·구조 또는 조합에 관한 자연법칙을 이용한 기술적 사상의 창작
	등록요건	신규성, 진보성 및 실체적 요건	특허와 동일
	결정방법	특허결정 또는 특허거절 결정	실용신안 등록결정 또는 실용신안 등록결정 거절
권리 행사	권리존속기간	20년	10년
	권리행사의 요건	설정등록	특허와 동일
	침해자의 과실추정	설정등록 후	특허와 동일
권리 취소 무효	이의신청	이의신청제도가 무효심판제도로 통합	특허와 동일
	심사청구	출원부터 5년 이내. 누구든지 가능. 취하할 수 없음	출원부터 3년 이내, 누구든지 가능, 취하할 수 없음
	무효심판	설정등록이 있는 날부터 등록공고일 후 3개월 이내에는 누구든지 가능 등록공고일 후 3개월 이후에는 이해관계인 또는 심사관만 가능	특허와 동일
기타	우선심사제도	있음	있음
	진보성	용이하게 발명가능한지 여부	극히 용이하게 고안가능한지 여부
	정정가능절차	무효심판, 정정심판, 정정의 무효심판	특허와 동일

6. 디자인

- 디자인보호법 제1조에서는 디자인의 보호와 이용을 도모함으로써 디자인의 창작을 장려하여 산업발전에 이바지함을 목적으로 한다고 규정한다.
- 디자인이란 '물품의 부분, 글자체 및 화상(畵像)의 형상, 모양, 색채 또는 이들을 결합한 것으로서 시각(視覺)을 통하여 미감(美感)을 일으키게 하는 것' 을 말한다.
- 디자인보호법 제42조에서 규정하는 한 벌의 물품의 디자인은 제외한다.

7. 저작권

- 저작권법 제2조 제1호에서 저작권의 대상인 저작물을 '인간의 사상 또는 감정을 표현한 창작물'이라고 정의하는데, 저작물로서 보호되기 위해서는 창작물이어야 한다는 것, 즉 창작성이 있어야 한다는 것을 요건으로 하고 있다.
- 저작권은 저작인격권과 저작재산권, 저작인접권으로 구분된다.
- 저작권은 별도의 절차가 필요없이 창작한 때부터 자동으로 발생한다.
- 저작인격권은 저작권법 제11조 내지 제13조에서 규정하고 있고, 저작인격권은 공표권, 성명표시권 및 동일성유지권이다.

8. 신지식재산권의 개념 및 분류

신지식재산권이란 전통적인 산업재산권, 저작권의 범주에 속하지 않으면서 경제의 발전 및 변화와 함께 그 보호의 필요성이 대두된 새로운 지식재산권

- 신지식재산권
  - 첨단산업재산권 — 반도체 설계, 생명공학기술
  - 산업저작권 — 컴퓨터 프로그램, 소프트웨어
  - 정보재산권 — 데이터베이스, 영업비밀, 뉴미디어
  - 기타 — 프렌차이징, 지리적표시, 캐릭터, 인터넷 도메인 네임, 색체상표, 입체상표, 맛·소리·냄새상표 등

9. 지식재산 관련 행정기관 및 법률

소관부처	관계법령
국가지식재산위원회	지식재산법
특허청	특허법, 실용신안법, 상표법, 디자인보호법, 부정경쟁방지 및 영업비밀 보호에 관한 법률, 반도체집적회로의 배치설계에 관한 법률, 변리사법, 발명진흥법
문화체육관광부	저작권법, 문화산업진흥기본법, 콘텐츠산업진흥법
과학기술정보통신부	과학기술기본법, 소프트웨어진흥법, 데이터 산업진흥 및 이용촉진에 관한 기본법, 생명연구자원의 확보 관리 및 활용에 관한 법률
산업통상자원부	대외무역법, 산업디자인진흥법, 산업기술 유출방지 보호에 관한 법률, 불공정무역행위 조사 및 산업피해규제에 관한 법률, 기술의 이전 및 사업화 촉진에 관한 법률
중소기업벤처기업부	중소기업기술 보호 자원에 관한 법률

10. 상표 (1)

구분	상표	서비스표	업무표장	단체표장
정의	타인의 상품과 식별하기 위해 사용하는 표장 (과자, 옷, 학용품, 자동차 등에 사용)	타인의 서비스업과 식별하기 위해 사용하는 표장 (광고업, 금융업, 요식업 등에 사용)	국내에서 비영리업무를 영위하는 자가 업무를 나타내기 위해 사용하는 표장	동종업자의 법인이 단체참여자의 영업에 관한 상품 또는 서비스업에 사용하는 표장
사례	청정원	본죽&비빔밥cafe	KORAIL	무안양파
등록번호	40-0000000	41-0000000	42-0000000	44-0000000
권리자	대상 주식회사	본아이에프 주식회사	대한민국 철도청	무안양파 영농조합법인

10. 상표 (2)

- 상표의 기능

01 자타상품의 식별
상표를 상품에 표시하여 사용하는 경우 그 상표의 표시로 인하여 자기의 상품과 타인의 상품을 식별할 수 있는 기능

02 출처표시 기능
동일한 상표를 표시한 상품은 동일한 출처에서 나온다는 것을 수요자에게 나타내는 기능

03 품질보증 기능
동일한 상표를 표시한 상품은 그 품질이 동일한 것으로 수요자에게 보증하는 기능

04 광고선전기능
상표의 상품에 대한 심리적인 연상작용을 동적인 측면에서 파악한 것으로 상품거래사회에서 판매 촉진 수단으로서의 상표의 기능

05 재산적 기능
상표가 갖는 재산적· 경제적 가치로서의 기능으로서 상표의 재산적 기능은 상표권의 자유양도 및 사용권 설정 등을 통해 구현

[참고자료] 특허정보 무료검색 (www.kipris.or.kr)
특허정보검색서비스 키프리스
지식재산권 검색
투데이 키프리스
키프리스 소개
KIPRIS 특허정보검색서비스
전체
초보자 검색 바로가기
권리별 도움말
사이트 이용안내
검색 가이드
검색팁 & 노하우
개선사항 공유
공지사항
[교육/세미나] 2024년 1회차 지식재산권 무료 초청
웹진
홍보물
IP기업정보 안내
온라인 교육
제59회
발명의 날
신청 바로가기
- 217 -

Environmental(환경)
Social(사회)
ESG
Governance(지배구조)

3. 정부 유관기관 ESG경영 추진체계

1. 창업진흥원

추진목표

건강한 창업 거버넌스 구축으로 대국민 신뢰 제고

ESG 경영지수 달성목표	'21년 B등급	'22년 B등급	'23년 A등급	'24년 A등급	'25년~ S등급
ESG 경영지수 결과	'21년 B등급		'22년 A등급		

분야

환경 (Environmental) + 사회 (Social) + 지배구조 (Governance)

전략방향 및 전략과제

녹색(Green) 경영을 통한 지속성장 기반 조성	책임(Responsibility)경영을 통한 사회적가치 실현	투명(Clean) 경영을 통한 국민신뢰 향상
• 탄소중립 경영 구축	• 지역상생·동반성장 주도	• 이사회 운영 내실화
• 에너지·환경보전 실천	• 건강·안전한 일터 조성	• 반부패·청렴 고도화
• 그린 창업생태계 구축	• 전략적 사회공헌 강화	• 국민 소통·참여 활성화

2. 중소기업기술정보진흥원

구분				
미 션		중소벤처기업 기술혁신 및 스마트화를 통해 국민경제 발전에 기여		
ESG 추진목표		국민 삶에 가치를 더하는 지속가능 혁신기관		
슬로건		함께 E루는 우리 환경 +	함께 S는 우리 사회 +	함께 G는 우리 TIPA
전략방향		TIPA ESG경영체계 실행력 강화	중소기업의 ESG경영 실현 지원	ESG 중심의 기술 생태계 조성
전략 과제	환경	TIPA 환경경영 성과 확산	중소기업 탈탄소경영 실현 지원	친환경 기술기반 산업전환 지원
	안전	TIPA 안전경영체계 고도화	중소기업의 안전한 근로환경조성	재난·사회안전 기술시장 조성
	동반 성장	TIPA 상생경영 가치 창출	중소기업의 기술경영 성장지원 확충	위기 중소기업의 산업생태계 활성화
	투명 개방	TIPA 경영 신뢰성과 경영구조 투명성 강화	중소기업 연구개발 환경 투명성 확대	민간 참여형 R&D 체계 전환
성과 지표		TIPA K-ESG 진단지수	중소기업의 ESG경영 지원성과	ESG R&D 투자성과

3. 한국산업기술진흥원

비 전 : 고객과 소통하고 국민에게 신뢰받는 KIAT

목 표 : 국민과 함께 지속가능한 산업기술 미래를 선도하는 KIAT

중장기 전략 ESG지수(목표)

ESG경영 도입 추진전략 및 운영기틀 마련		KIAT형 ESG경영 정립 추진체계 고도화		KIAT형 ESG경영 정착 플랫폼기반 ESG경영 성과확산	
기반구축		고도화		확산기	
2021	2022 (달성/목표)	2023 (달성/목표)	2024	2025	2026
-	84.3/83.7	87.9/86.0	88.2	90.4	92.7

KIAT형 ESG

Green KIAT	Responsible KIAT	Fair KIAT
친환경 산업 육성을 선도하는 KIAT	상생협력을 통해 사회적 책임을 다하는 KIAT	공정·투명한 경영으로 고객감동을 실현하는 KIAT

전략과제 / 추진과제

[E] 친환경 경영 확산	[S] 상생협력체계 강화	[G] ESG경영 내재화
① 탄소중립 실현을 위한 지속가능한 환경경영 추진 중점	① 동반성장 추진체계 강화 및 협력기업 상생협력 문화 확산 중점	① ESG 경영체계 고도화 및 가치 확산 중점
② 기후위기 대응을 위한 환경보전 기반 마련 중점	② 인권경영 시스템 안정화 및 인권문화 조성 중점	② 윤리경영 내실화로 기관 경영 투명성 제고 중점
③ 친환경 탄소중립 공감대 확산을 위한 문화 조성	③ 규제샌드박스 운영 활성화로 신산업서비스 애로사항 해결 중점	③ 기관장 주도의 청렴문화 확산 및 실행력 제고
④ 선제적 산업정책 제안을 위한 미래 유망산업 선정	④ 일 가정 양립을 위한 가족친화 지원제도 운영	④ 이사회 활성화 및 운영 투명성 제고
⑤ 미래 자동차 산업 육성을 위한 인프라 구축 강화	⑤ 협력적 노사상생 전략 수립 및 이행	⑤ 경영정보공시 확대를 통한 경영 투명성 제고
⑥ 탄소중립 실증 인프라 구축을 통한 주요산업의 탄소중립 역량 강화	⑥ 지역사회 참여형 사회공헌 프로그램 운영	⑥ 공공데이터 개방 및 활성화
⑦ 탄소중립·녹색성장을 위한 녹색인증 지원체계 강화	⑦ 안전경영책임 이행을 위한 안전활동 강화	⑦ 기관 데이터 통합 관리 및 공동 활용 활성화를 위한 ISP 수립
⑧ 친환경 산업구조 전환을 위한 청정제조·공정 저탄소화 지원	⑧ 고객만족도 제고를 위한 대내외 소통활성화	⑧ 연구비 부정사용 사전예방 및 환수를 위한 관리체계 강화
⑨ 친환경·저탄소 소재개발 촉진을 위한 데이터 활용 인프라 구축	⑨ 민간주도형 기술혁신 창출을 위한 연구기반 관리 및 활용체계 고도화	⑨ 소부장기업의 글로벌 공급망 진출 지원을 위한 융합혁신지원단 운영 활성화
⑩ 세계적 수준의 월드클래스 기업 육성 및 글로벌 시장진출성과제고	⑩ 중소기업 사업화 성과 제고를 위한 기술나눔 확대	⑩ 지속가능한 글로벌 협력 우수모델 육성을 위한 글로벌산업기술협력센터 운영
	⑪ 지역 혁신역량의 집적·확산을 위한 지역혁신클러스터 육성	
	⑫ 미래 첨단산업을 선도할 산업혁신인재 양성	

핵심 성과 지표

[E]	[S]	[G]
· 온실가스 감축 목표달성률 계 · 녹색제품 구매 실적 계	· 동반성장 체계구축 계 · 인권경영지수(KHRI) 계 · 규제해소 지원 계	· KIAT ESG지수 계 · 윤리경영 표준모델 도입률 계

성과 관리

추진체계 구축	성과확산
· 과제별 책임·실행부서 지정 · ESG 위원회 운영	· ESG 우수사례(BP) 발굴 및 포상 · 대국민 성과 홍보

4. 정보통신산업진흥원

ESG 비전 국민과 함께 정보통신산업의 ESG 가치를 실현하는 NIPA

ESG경영 3대 전략 > 21대 세부과제

전략목표	전략과제	세부과제
E 환경경영체계 확립	탄소중립에 기여하는 환경경영 이행	① 친환경 탄소중립 경영 기반조성 ② 기관운영 탄소배출 최소화
	Green NIPA 문화정착	① 전직원의 일상화된 GreeNIPA ② 지역협력형 GreeNIPA 문화정착
	ICT녹색융합서비스 확대	① 디지털활용 환경보호 융합서비스 발굴 ② 디지털활용 탄소저감 융합서비스 지원
S 사회책임경영 실현	직원이 행복한 일터 구현	① 안전한 근로환경 조성 ② 가족친화·일하기 좋은 직장구현 ③ 인권존중 문화정착
	상생협력의 동반성장 생태계 조성	① 정보통신산업 생태계 동반성장 확대 ② 지역과의 상생협력 및 지역발전 기여
	정보통신기반 대국민 삶의 질 개선	① 국민안전과 건강지원 ICT기술 사업화 ② 디지털 정보격차 해소지원
	지속가능한 디지털 일자리 창출	① SW융합형 디지털분야 일자리창출 ② 디지털융합 교육강화로 전문인력 육성
G 투명·소통경영 강화	ESG경영 추진을 위한 이사회 역할 강화	① 경영현안에 대한 이사회 전문자문 확대 ② 이사회의 ESG 역할 및 인프라 강화
	청렴·윤리문화 내재화	① NIPA형 新윤리경영 체계 확립 ② 윤리리스크 관리 및 청렴문화 확산
	국민소통과 투명경영 강화	① 대국민소통 및 경영참여 기회 확대 ② ESG경영공시 및 정보공개 강화

5. 중소벤처기업진흥공단

구분			
미션	중소벤처기업의 경쟁력을 강화하고 경영기반을 확충하여 국민경제 주역으로 육성		
비전	중소벤처기업 중심의 혁신성장 선도 플랫폼		
ESG 비전	중소벤처기업과 함께 지속가능한 미래 가치 창출		
ESG 경영목표	온실가스40% 감축, 中企탄소배출6.45% 저감	동반성장평가 최우수, 中企ESG 인식도67.8%	종합청렴도 1등급, 中企정책부정수급 ZERO
ESG 전략목표	Ⓔ ECO KOSME 혁신을 통한 친환경 생태계 강화	Ⓢ WITH KOSME 국민과 함께 하는 사회적 책임 이행	Ⓖ TRUST KOSME 국민에게 신뢰받는 투명경영 체계 확립
ESG 전략과제 (기관)	1 환경경영체계 고도화 2 탄소중립·환경보호 실천 3 친환경·디지털 혁신 선도	1 다양성·양성평등 강화 2 안전한 안심 일터 구현 3 상생협력·동반성장 생태계 조성	1 윤리·인권경영 강화 2 투명하고 공정한 거버넌스 구축 3 개방과 참여의 현장소통 강화
ESG 전략과제 (中企)	4 탄소중립 전환·녹색산업 육성	4 ESG 인식·역량 제고	4 정책사업 부정수급 근절

6. 한국공항공사

VISION

환경 · 사람 · 미래를 잇는
항공산업 ESSG의 중심, KAC

탄소배출량 40% 감축
Environmental

탄소중립·친환경
공항 구현

환경 경영
환경경영체계 고도화

친환경 자원관리
자원의 효율적 사용

에너지 전환
친환경 無탄소화 추진

친환경 네트워크
그린 Value-Chain 강화

안전보안 최우수 등급
Safety

안전신경망 구축을 통한
공항안전서비스 향상

공항 안전
혁신적·선제적 대응으로
안전한 공항 구현

항공 보안
항공보안 강화로
국민안심공항 조성

동반성장 최상위
Social

국민이 체감하는
포용사회

상생협력·지역발전
상생협력·지역발전 기여로
항공산업 생태계 조성

인적자원
지속가능한
근로환경 조성

종합청렴도 1등급
Governance

공정하고 투명한
경영으로 국민 신뢰 제고

이사회
투명한 의사결정으로
기업지배구조 확립

윤리·준법경영
윤리·준법 경영확립

ESSG 경영 인프라
ESSG 경영체계
정립 및 내재화

이해관계자 소통
공시 확대 및
이해관계자 소통 다각화

+

협력체계 구축
- 분야별 전문가 피드백으로 ESSG 성공사례 제고
- 지역사회, 여객 등 이해관계자 협력 강화

»

사업운영 활성화
- ESSG 중심의 사업 전환 모색
- 재무성과 향상을 위한 수익모델 연계

»

ESSG 성과 관리
- KAC ESSG 경영지수 기반 데이터 관리
- 지속가능 경영보고서 발간, ESSG 자율공시

내부임직원 및 외부이해관계자의 자발적·적극적 참여로 항공산업 ESSG 경영 생태계 조성

7. 한국환경산업기술원

구분	Environment	Social	Governance
미션	환경기술 및 환경산업 혁신을 선도하고 환경위해로부터 국민 보호		
비전	지속가능한 사회를 위한 환경솔루션 전문기관		
ESG 미래상	기업의 녹색경영 확산 및 친환경 생활 실천 사회 구현	함께하고 싶은 일터, 기업 지역과 생생하는 기관	청렴하고 투명한 경영으로 국민이 신뢰하는 기관 도약
전략 방향	친환경 경영으로 탄소중립 선도	사회적 책임 이행으로 국민과 함께 성장	소통 기반의 공정 투명한 조직운영
전략 과제	❶ 기관 온실가스 감축 및 자원순환 활성화 ❷ 산업계 ESG활동 전파 지원 ❸ 대국민 ESG 활동 확산	❶ 지역 기업과의 동반 성장 생태계 조성 ❷ 다양성이 존중받는 평등한 일터 구현 ❸ 안전경영 체계 확립 및 내재화	❶ 이사회 중심 의사결정 체계 구축 기관 정보공개 및 이해관계자 ❷ 소통 활성화 ❸ 국민신뢰 향상을 위한 윤리 경영 실천
관리 지표	온실가스 감축률, 에너지 사용량, 신재생에너지 비율 등 13개 지표 운영	동반성장 평가 결과, 장애인 고용률, 안전활동 수준평가 결과 등 11개 지표 운영	이사회 출석률, 고객만족도, 종합 청렴도 등 10개 지표 운영

8. 기술보증기금

2030년까지 달성하고자 하는 기금 ESG 경영전략과
중소기업 참여유도 지원전략을 함께 제시
지속가능한 가치를 함께 만들어 가는
중소·벤처기업의 ESG 동반자
VISION
더 나은 미래, 기보와 함께
(영문 : Better Future, Kibo Together)
SLOGAN
E
탄소중립
S
국민행복
G
공정세상
E
지원 기후보증 10조원 지원
경영 온실가스 50% 감축
전략목표
S
소셜벤처 5천개 발굴 지원
동반성장 최우수등급 획득 경영
지원 클린보증 3조원 지원
경영 종합청렴도 1등급 달성
6대 전략과제
기업참여 유도전략
01. 환경금융 확대 및 탄소중립 지원
기업참여 유도전략
02. 상생 협력의 혁신성장 활성화
기업참여 유도전략
03. 공정환경 조성 및 투명경영 유도
기보 ESG 경영전략
04. 환경보전 선도적 실천
기보 ESG 경영전략
05. 국민체감 사회책임이행
기보 ESG 경영전략
06. 건전하고 투명한 경영체제 확립

9. 한국농어촌공사

구분			
비 전	농어촌愛 그린가치 ESG 2030 농어업분야 ESG 경영을 선도하는 글로벌 공기업		
목 표	기후변화 대응 및 녹색경영 실현	안전하고 행복한 삶이 있는 농어촌 구현	국민과 함께 투명 소통 경영 실현
추진부문	환경 (E.C.O) 친환경에너지(Energy) 기후변화대응(Climate) 녹색경영(Operation)	사회 (H.U.G) 희망(Hope) 활력(Upgrade) 안전(Guard)	지배구조 (N.E.T) 참여(Networking) 청렴(Ethics) 투명(Transparency)
전략과제	· 저탄소에너지사업 확대 · 기후변화 대응 및탄소중립 선도 · 환경보전 및녹색경영 전개	· 포용적동반성장 체계 구축 · 농어촌지역지속가능성 기반 마련 · 안전 중심의경영체계 구축	· 이해관계자 참여 및 소통 강화 · 윤리·인권 중심의경영 실현 · 공사 운영투명성 강화

10. 한국산업기술기획평가원

경영목표

미래가치와 국민행복을 선도하는 산업기술 R&D 혁신 파트너

ESG 전략목표

기술혁신으로 지속가능한 미래 성장을 여는 KEIT
Green & Fairness R&D, Sustainable Future

전략방향

ESG 경영 시스템 고도화	ESG 활동 및 내재화 수준 제고	ESG경영의 대외 확산

전략과제 및 실행과제

E 친환경 경영	S 사회적책임 경영	G 준법윤리경영
저탄소 전환 R&D 추진과 친환경가치 확산으로 탄소제로 사회 기여	생명·안전 관리체계 고도화 및 상생·협력 생태계 조성으로 사회적 책임 실현	투명경영, 윤리경영, 책임경영을 강화하여 Good Governance 실현
그린전환 R&D 강화 및 ESG 민간 확산	**양질의 직·간접 일자리 창출 촉진**	**투명한 의사결정 시스템 확립**
· 제조업 그린전환 R&D 강화 · 친환경 R&D 과제 및 밸류체인 확대 · ESG경영 촉진 및 지속가능성장 지원	· 신규 채용 확대 및 균등기회 보장 · 고용친화형 R&D 프로그램 운영 · 우수 R&D 기업에 대한 고용 촉진 지원	· 이사회 의사결정 투명성 확보 · 이사회 전문성 제고 · 내부 소통 확대 및 협력적 노사관계 구축
KEIT 맞춤형 탄소중립 실천	**안전환경 조성 및 보안관리 강화**	**윤리경영·반부패체계 강화**
· 탄소배출 감축 · 재생에너지 사용 확대 · 친환경 제품 구매 확대 및 친환경 내재화	· 재난·안전사고 예방관리 강화 · 안전한 R&D 환경 조성 및 안전문화 확산 · 예측 기반 정보보안체계 확립	· KEIT 윤리경영표준모델 고도화 · 인권경영 실천 및 외부 확산 · 내부통제시스템 강화
친환경 가치 기반 기관운영	**동반성장을 통한 공존 가치 실현**	**대국민 정보공개 책임성 강화**
· 친환경 경영성과 관리시스템 고도화 · 친환경 에너지 설비 도입 및 운영 효율화	· 중소·중견기업과 상생협력 강화 · 지역산업·경제 활성화 촉진	· 신속·정확한 경영정보 공시·공개 · 국민 참여기반 소통·홍보 강화

4. 기고문

한 광 식 (전문대학평생직업교육협회 사무총장)

ESG 정착은 우리의 새로운 미래

ESG 바람이 4차 산업혁명을 능가할 만큼 강하게 불고 있다. 코로나19가 장기적인 흐름을 보이면서 기후와 환경, 사회적 불평등에 대한 중요성이 대두되면서 우선적으로 기업이 동참할 것을 강하게 요구하고 있다. ESG는 Environmental, Social, Governance의 첫 글자를 딴 약자로 기존의 지속가능경영이나 기업의 사회적 책임(Corporate Social Responsibility, CSR)이 확장된 개념으로 볼 수 있다.

ESG는 과거 기업에서 재무적 성과만을 판단하던 기준에서 벗어나 이제는 환경문제와 사회문제까지도 관심을 가지고 지속가능성(Sustainability)을 제고해야 한다는 경영철학을 담고 있다. 이미 유럽연합이나 미국 등 선진국에서는 기업의 비(非)재무적 성과를 판단하는 기준으로 자리를 잡아가고 있다. 우리나라에서도 2025년부터 자산총액 2조 원 이상의 유가증권시장 상장사는 ESG 공시가 의무화되며 2030년부터는 모든 코스피 상장사로 확대될 전망이다.

2030년까지 국제사회의 최대 공동목표는 인류의 보편적 문제인 △빈곤 △질병 △교육 △성평등 △난민 △분쟁 등을 해결하고 지구 환경문제인 △기후변화 △에너지 △환경오염 △물 △생물다양성 등과 경제 사회문제인 △기술 △주거 △노사 △고용 △생산 소비 △사회구조 △법 △대내·외 경제 등을 해결하는 데 있다. 미국은 조 바이든 대통령이 취임하면서 파리기후협정 재가입과 2050년까지 온실가스 배출량 제로 달성, 2조 달러 신재생에너지 투자 등을 선언했다. ESG는 이제 기업입장에서 단순한 트렌드가 아닌 생존의 문제로 가속화되고 있는 것이다.

ESG의 주요내용을 살펴보면, 우선 Environmental(환경보호) 측면에서는 기후변화, 탄소중립, 환경오염 완화를 위한 자원과 폐기물 관리 그리고 에너지 효율화가 중요한 이슈로 부각되고 있다. 대학 차원의 환경보호 측면에서는 △캠퍼스 내 나무심기 △생활 속 일회용품 줄이기 운동 △업싸이클링(upcycling) △쓰담 달리기 운동 등을 실천할 수 있다.

Social(사회적 책임) 측면에서는 데이터 보호, 인권보장과 성별 그리고 다양성의 고려, 지역사회와의 협력관계 구축에 힘써야 한다. 사회와 얼마나 적절한 관계를 구축하고 있는지가 핵심 사안이다. 이제는 소비자와 투자자가 사회에 유익을 주는 기업에 관심을 보이기 시작했다. 대학 차원의 사회적 책임 측면에서는 △교육봉사 △대학생 농촌일손 돕기 △대학생 동아리 재능기부 △대학생 사랑의 헌혈캠페인 전개 △대학생·대학 교직원 등을 위한 인권센터 운영 등을 실천할 수 있다.

Governance(지배구조 개선) 측면에서는 투명하고 신뢰도 높은 이사회 구성과 활동, 투명성이 높은 감사제도 운영을 요구하고 있다. 최대한 부패를 방지하고, 기업윤리를 준수함으로써 높은 지배구조 가치를 확보하기 위함이다. 대학 차원의 지배구조 개선 측면에서는 △청렴한 대학문화 조성 △성희롱·성폭력에 대한 인식개선 및 예방교육 △구성원 소통 네트워크 강화 △교직원 공개채용 및 처우개선 등을 실천할 수 있다.

대학은 사회와 국가발전의 중추적 역할을 담당해야 한다. 그래야 미래사회도 지속 발전해 갈 수 있는 것이다. 물론 ESG가 제대로 정착되기 위해서도 대학의 역할은 매우 중요하다. 우리 모두가 환경을 보호하고 사회적 약자를 배려하며 지속가능한 미래를 위해 좀 더 ESG 활동이 활발하게 전개됐으면 좋겠다.

정부차원에서 ESG창업 붐(boom) 조성해야

ESG 이슈가 뜨겁다. ESG는 Environmental(환경), Social(사회), Governance (지배구조)를 의미한다. 좀 더 자세히 설명하면, 환경 측면에서는 기후변화, 탄소중립, 환경오염 완화를 위한 자원 및 폐기물 관리, 에너지 효율화가 중요한 이슈이며, 사회 측면에서는 소비자와 투자자가 사회에 유익(有益)을 주는 기업에 관심을 보이기 시작하였고, 지배구조 측면에서는 투명하고 신뢰도 높은 이사회 구성과 활동, 투명성이 높은 감사제도 운영을 통해 최대한 부패를 방지하고, 기업윤리를 준수함으로써 높은 지배구조 가치를 확보하기 위함이다.

반면, 당면한 기업, 기관, 정부 측면에서의 ESG경영은 중장기적인 리스크 헤지 경영(Risk Hedge Management)이며, 글로벌적으로는 규제를 동반하고 국가와 금융 그리고 기업에는 압력으로 작용하고 있으며, 디지털 전환과 연계해서 혁신하고 있다. 이런 상황 속에서 새로운 지식을 창출하고, 위험을 감수하면서도 사업화를 추진하거나 사업에 반영하려는 의지와 행동은 국가 차원에서 매우 중요한 일이다. ESG창업도 이중에 하나이다. 특히, 수출 의존도가 높은 우리나라의 경우에 EU에서 법률로 규범화되고 있는 다양한 형태의 ESG 규제 압력은 매우 큰 위협요인으로 작용하고 있다.

이와 관련하여, ESG와 관련된 새로운 사업을 창출하고 있는 국내·외 스타트업을 살펴보면 다음과 같다. 식물성 인공고기 제조로 유명한 미국의 Impossible Foods, 2015년 음식폐기물 감축이라는 문제를 해결하기 위해 설립한 영국의 Olio, 모듈별로 수리 교체가 가능하게 설계한 네덜란드의 Fairphone 등은 우리가 주목해 볼 수 있는 대표적인 기업들이다.

우리나라에서도 대기업을 중심으로 ESG 사내벤처가 확산되고 있다. 삼성전자 사내벤처인 에바(EVAR)는 폐배터리를 회수해서 만든 이동형 전기차 자동 충전로봇을 개발했다. 에바를 활용하면 충전소를 찾지 않아도 어디서든 손쉽게 충전이 가능하다. 현대차·기아 사내벤처인 마이셀은 버섯 균사를 활용한 식물성 가죽(비건 레더) 사업의 선두주자다. 카본엔 역시 포스코 사내벤처로 포스코제철발생하는 이산화탄소를 포집해 고순도 액화탄산가스로 만드는 일을 하고 있다. 액화탄산가스는 탄산음료나 드라이아이스, 용접용 가스 원료로 활용된다.

식음료와 패션업계도 친환경 사내벤처를 적극 육성하고 있다. CJ제일제당은 사내벤처 이노백(INNO100)을 통해 푸드 업사이클링과 식물성 대체유 사업화를 추진하고 있다. 푸드 업사이클링은 깨진 쌀, 콩비지 등 식품 부산물을 활용해 제품화함으로써 식품 폐기물을 줄이고 있으며 패키징도 쓰고 버린 페트병을 재활용하고 있다. 식물성 대체유는 현미, 콩 등 식물성 재료로 만든 우유 대체식품이다. 두 제품 모두 친환경, 식물성 등 ESG 및 가치소비 트렌드에 따라 성장가능성이 매우 클 것으로 기대하고 있다.

결론적으로 우리나라에서 ESG와 관련된 사업영역이 확대되기 위해서는 무엇보다도 혁신적인 사고와 기업가 정신이 높아져야 하며, 정부차원에서도 ESG 시민 체감 정책과 ESG창업 붐(boom) 조성과 ESG 이슈에 대한 체계적인 교육과 ESG 지표 및 표준 개발도 함께 병행돼야 한다. 이를 기반으로 ESG와 관련된 표준화, 규제 등에 효과적으로 대비하고, 다양한 아이디어와 기술, 관련 솔루션 개발 등을 통해 ESG 경쟁력이 크게 높아졌으면 좋겠다.

자체(광역·기초) 중심의 ESG 스타트업 생태계 조성 필요

ESG는 환경(Environmental), 사회(Social), 지배구조(Governance)의 영문 첫 글자를 조합한 단어로, 글로벌 경제 중심에 있다. 그중에서도 가장 주목받는 키워드는 환경이며, 기후변화와 탄소 배출, 환경오염과 환경규제, 생태계와 생물 다양성 등이 주요 이슈이다. 참고로, 2019년 12월 11일 유럽연합(EU)에서 발표한 그린딜(Green Deal) 정책에는 2050년 탄소중립을 달성하고, △청정에너지, △순환경제, △자원 효율적 건축, △지속가능한 수송 등의 분야별 전략과 실행 로드맵이 제시되어 있다.

사회(Social) 측면에서는 데이터 보호 및 프라이버시, 인권, 성별 평등 및 다양성, 지역사회 관계 등이 주요 이슈이다. 소비자와 투자자가 세상에 유익을 주는 기업을 응원하고, MZ세대 중심으로 가치 소비를 높이고 있다. 대한상공회의소 조사에 따르면, 60프로가 넘는 소비자들이 제품 구매 시 ESG 활동을 고려한다고 응답했으며, ESG 활동에 부정적인 기업의 제품을 의도적으로 구매하지 않는 경험이 있다고 응답한 비율도 70프로에 육박하고 있다. 특히 환경 혹은 사회에 도움이 되는 소비라면 조금 더 비싼 가격의 제품이라도 구매하겠다는 응답이 68프로에 이르며, 사회 문제를 이유로 제품 불매 운동에 참여한 경험이 있다는 비율도 절반이 넘는다.

지배구조(Governance) 측면에서는 이사회 및 감사위원회 구성, 뇌물 및 반부패, 기업윤리 등이 주요 이슈이다. 기업의 사회적 책임이 강조되고, 투자자와 소비자들도 기업을 평가하는데 재무적 가치보다 비재무적 가치를 중시하고 있다. 우리나라에서도 2026년부터 자산총액 2조 원 이상의 유가증권시장 상장사는 ESG 공시가 의무화될 예정이며, 2030년까지는 모든 코스피 상장사로 확대할 계획이다.

앞에서 열거한 ESG 동향에 따라 필자가 제시하고자 하는 것은 지자체에서는 지역에 맞는 ESG 스타트업 생태계를 구축해야 한다는 것이다. 이 제안은 일자리 확충과 미래 경쟁력 측면에서 매우 큰 의미가 있다.

현재 ESG를 실천하는 기업 중 이퀄(EQUAL)은 소형 화물 배송에 알맞은 형태의 이륜 전기차를 개발하고, 렌트를 통해 비즈니스 문제를 해결하고 있으며, 브이젠(VGAN)은 친환경적 전력발전 및 사용량을 예측하고 효율적인 분배를 하는 K-VPP 솔루션을 개발하여 에너지 부족 문제에 대한 해결책을 제시하고 있다. 수퍼빈(SuperBin)은 AI 기술을 활용해 재활용이 가능한 폐기물을 실제로 재활용할 수 있도록 돕고 있다.

다른 한편에서는 대기업을 중심으로 ESG 사내벤처가 확산되고 있다. 삼성전자 사내벤처인 에바(EVAR)는 폐배터리를 회수해서 만든 이동형 전기차 자동충전 로봇 개발을 통해 어디서든지 충전이 가능하도록 하였으며, 포스코 사내벤처인 카본엔은 포스코제철소에서 발생하는 이산화탄소를 포집해 고순도 액화탄산가스를 만들고 있다. 액화탄산가스는 탄산음료나 드라이아이스, 용접용 가스 원료로 활용된다. CJ제일제당 사내벤처인 이노백은 푸드 업사이클링과 식물성 대체유 사업화를 추진하고 있다. 푸드 업사이클링은 깨진 쌀, 콩비지 등 식품 부산물을 활용해 제품화하여 식품 폐기물을 줄이고, 패키징도 쓰고 버린 페트병을 재활용하고 있다.

이제 ESG는 선택이 아니라 필수다. 무엇보다 ESG를 성공적으로 안착하기 위해서는 최고경영자는 물론 조직 전체가 한 방향으로 참여해야 한다. 특히 수출 의존도가 높은 우리나라에서는 환경규제에 직면하게 되는 다양한 문제를 해결하고 산업의 경쟁력을 높이는데 중요한 의미가 있다. 이를 위해 정부 차원에서도 효과적인 ESG 정책과 체계적인 교육시스템도 체계적으로 마련돼야 한다.

COLiVE, ESG 워크숍 안내

지역에서 시작하는 ESG 아이템 창출과정
"ESG Innovators"

1. 프로그램 개요

- 참가자들이 ESG 개념을 이해하고, 지역의 문제와 기회를 창출할 수 있도록 도와주는 1일 6시간 과정입니다.
- 이 과정을 통해 ESG 원칙에 따른 지속 가능한 아이템을 발굴하고, 이를 실제 현장에서 적용할 수 있는 역량을 키우기 위함입니다.

2. 프로그램 목표

- 참가자들이 ESG 개념과 중요성을 이해하고 실제 현장에서 적용할 수 있는 능력 배양
- 지역사회의 환경(E), 사회(S), 지배구조(G) 관련 이슈와 기회를 파악하고 이를 해결할 수 있는 방안 마련
- 참가자 간의 협력 및 네트워킹을 촉진하여 지역사회 발전에 기여

3. 프로그램 주요내용

- OT 및 프로그램 소개 (30분)
  - 참가자들과 운영진 소개, 프로그램 목적 공유
  - 성공적인 창업을 위한 요소 및 전략 소개
- ESG 개념 및 사례 소개 (60분)
  - ESG 기본개념 소개
  - ESG 기반의 창업사례 소개
- 지역사회의 ESG 이슈 및 기회 탐색 (60분)
  - 참가자들이 지역사회의 환경(E), 사회(S), 지배구조(G) 관련 이슈를 탐색할 수 있는 스킬 함양
- 휴식시간 (20분)
- 아이템 도출을 위한 브레인스토밍 (60분)
  - 이슈 및 기회 탐색에서 나온 아이디어를 기반으로 아이디어를 발굴하고 토론
- 아이디어 프로토타이핑 도출 (60분)
  - 도출한 아이디어를 구체화하고 초기 프로토타입 작성

• 피드백 및 아이디어 개선 (60분)
- 참가자들이 다른 참가자들의 아이디어를 피드백하고, 아이디어 개선

• 아이디어 발표 및 평가 (60분)
- 참가자들이 최종 아이디어를 발표하고 평가기준에 따라 우수 아이템 선정

• 종합 및 마무리 (30분)
- 수료증, 설문조사 등

4. 참여대상

- 대학생, 기업, 사회적경제 중간지원조직, 창업지원기관 등

5. 프로그램 특이점

• 사회적경제 창업교육, 멘토링 전문가집단 퍼실리테이터가 참여하여 프로젝트 진행
• ESG전문가 참여
• ESG 스타트업을 전문적으로 육성하고자 하는 기관의 맞춤형 프로그램 설계 및 제안

대표저자 소개

한광식(Han, Kwang Sik) kshan@kcce.or.kr

- 한국전문대학교육협의회 산학교육혁신연구원장
- 전문대학평생직업교육협회(COLIVE) 사무총장
- 전문대학창업교육네트워크(CEEN) 회장
- 국가교육위원회 직업 · 평생교육 특별위원회 위원
- 대통령직속 지방시대위원회 평가자문단 위원
- 창업진흥원 시민혁신위원회 위원
- 중소기업정책심의회 지역분과위원회 전문위원(중소벤처기업부)
- (사)지역특화자원사업화연구센터 이사장(농림축산식품부)
- 한국ESG학회 부회장 겸 사회공헌위원장
- 김포대학교 교수 역임
- 지역특화발전특구위원회 민간위원(부위원장) 역임
- 한국창업교육협의회 부회장 역임

강수진(Kang, Su Jin) esgsmcno1@gmail.com

- ㈜에셈시 대표이사
- 충북지방중소벤처기업청 전문위원
- 한국표준협회(KSA) 전문위원
- 중소벤처기업진흥공단 외부전문가
- 중소벤처기업인증원 ESG 수준진단 심사원
- 충청북도 ESG 협의체 위원
- ESG 공급망 평가관리사(제C-2024-0001066호)
- GRI Certified Training Course(C47011, BSI Korea)
- ESG 검증평가사(제KESG 23-005호)
- Certified ESG Auditor(No. 2023-003477, 한국준법진흥원)

(사)전문대학평생직업교육협회(COLiVE) 소개

전문대학평생직업교육협회(COLiVE)는 **전문대학-지역사회-산업체 등과의 연계 협력을 강화**하고, **전문대학이 평생직업교육 허브**로 발전하기 위해 설립되었습니다.

전문대학평생직업교육협회(COLiVE)는 함께하는 삶을 의미하며, 견고한 네트워크를 중심으로 함께하는 **상생과 협력**, 지역사회를 중심으로 실현해가는 **도전과 혁신**, **나눔과 포용**, 사람을 중심에 두는 **희망과 행복**을 추구하고, 모두를 포용하는 평생직업교육이 되도록 노력할 것입니다. 이를 통해 **모두가 행복한 사회**를 만들어 가고자 합니다.

ESG마인드 자격검정과정 강의교안

초판발행 2024년 9월 25일 **1판 발행**

지은이 COLiVE ESG실천본부, 한국환경산업협회
펴낸이 최용구 | **펴낸곳** 도서출판 **이프레스**
주소 (04316) 서울시 용산구 원효로 89길 19(원효로1가)
전화 02) 537-1720(영업부), 537-1721(편집부), 537-1711(팩스)
이메일 epress01@naver.com | **홈페이지** www.epress1.com
등록 2009년 12월 10일 제16-2710호
기획마케팅 최용구 장만동 최충구 송대용 | **책임편집** 석기은 황가연

ISBN 979-11-91348-67-5 93320

가격 13,000원